Titus Müller

Das Glück hat kleine Schokofinger

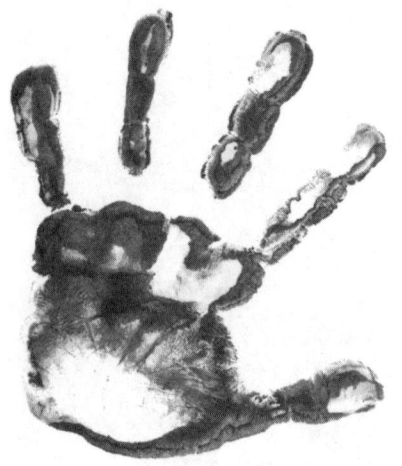

Titus Müller

Das Glück
hat kleine
SCHOKO
FINGER

adeo

Inhalt

Für Jona und Felix Amadeus,
die besten Söhne, die man sich nur wünschen kann

Frankfurter Buchmesse. In den Hallen wimmelt es von Menschen. Verlagsleiter Stefan Wiesner und ich haben uns ins Restaurant zurückgezogen, dort ist es etwas ruhiger. Wir bestellen beide den Zander und plaudern über zukünftige Buchprojekte. Stefan weiß, dass ich zwei kleine Jungs habe. Er sagt: „Mit Kindern vergehen die Jahre wie im Flug – und Augenblicke werden zu Ewigkeiten." Was ich davon hielte, darüber ein Buch zu schreiben?

Der Satz klingt gut. Aber die Wahrheit ist: Meine Kraftreserven sind aufgebraucht. Ständig sind die Kinder krank, wir bekommen als Eltern zu wenig Schlaf, und Freizeit gibt es auch kaum noch. „Ich weiß nicht, ob ich über das Jammern schon hinaus bin", sage ich.

Stefan nickt. „Genau so muss das Buch beginnen."

Baby-Shampoo

Wir sind beim Frauenarzt. Die Arzthelferin lächelt uns an. Sie sagt: „Kinder nerven. Meine zumindest. Sind Sie sicher, dass Sie welche wollen?" Wir lachen. Sie sieht uns verschwörerisch an, als würden wir ein Geheimnis teilen, und tatsächlich wissen nur wir von diesem neuen Wesen, das in Lenas Bauch zu leben begonnen hat. Wir machen einen Termin aus, sie sagt, zu diesem Zeitpunkt werden schon die Herztöne zu hören sein. Ich weiß, wenn ich diese Töne höre, wird sich für mich alles verändern.

In den Kalender schreibe ich für den 18. Januar 2013: „Herztöne XXX." Ich weiß ja den Namen noch nicht.

Später kommt Lena verzweifelt zu mir ins Arbeitszimmer. „Ich hab Hunger, aber ich weiß nicht, was ich essen soll. Auf nichts habe ich Appetit." Ich mache ihr Vorschläge. „Zu fettig, jetzt bloß nichts Fettiges", sagt sie oder: „Das schmeckt mir nicht, da wird mir übel."

Am Ende finden wir eine Lösung: Kartoffelpuffer mit Apfelmus. Ich gehe das Nötige einkaufen. Als ich nach Hause komme, kochen wir gemeinsam Kartoffelauflauf mit Blumenkohl.

Der Nudelsalat im Kühlschrank ist schlecht geworden. Lena sagt, sie könne ihn nicht wegwerfen, dabei müsse sie sich übergeben. Also übernehme ich es, die Schüssel auszuleeren. Ist die Übelkeit nur ein Vorwand? Oder stimmt es wirklich jedes Mal, wenn sie darüber klagt?

Wir zeigen uns beim Spazierengehen gegenseitig Kinder, die wir süß finden. Die Eltern finde ich meistens überhaupt nicht süß. Als ich einmal in der Kinderecke eines Restaurants Eltern sehe, werfe ich ihnen im Stillen vor, bloß noch ihren Nachwuchs im Kopf zu haben, und sage leise zu Lena: „Hoffentlich werde ich nicht so."

Überhaupt sehe ich plötzlich an jeder Straßenecke Mütter mit Kinderwagen. Waren die vorher auch schon da? Das muss der Brautkleid-Effekt sein: Lena wünscht sich einen Schrank voller Brautkleider, hat sie mir gesagt. Und sie möchte noch mal heiraten. Keinen anderen, beteuert sie, auf jeden Fall mich! Aber eben noch mal. Weil sie so gerne heiratet.

Vor jedem Brautladen bleibt sie stehen. Sie deutet auf die Kleider und will wissen, wie ich sie finde, und wenn ich sie schön finde, fragt sie drohend: „Schöner als mein Brautkleid?" Lena war eine wunderschöne Braut. Natürlich ist kein Kleid schöner als ihres.

Früher wusste ich gar nicht, dass es so etwas wie Brautläden gibt. Und ich hatte keine Ahnung, dass sie überall sind! Lenas sicherer Blick entdeckt sie in jeder Stadt.

Und jetzt sehe ich Kinderwagen. Sie stehen in jedem Hauseingang, biegen um jede Ecke.

Lena ist im Bad und ruft aufgeregt nach mir. Sie steht vor dem Spiegel und begutachtet ihren Bauch. „Sieht man schon was?

Oder bin ich einfach nur dick?" Sie drückt ihr Kreuz durch, damit der Bauch sich mehr wölbt. Wie sehr sie sich diesen Babybauch wünscht!

Weil ihr die Hosen langsam zu eng werden, will sie sich neue kaufen. Ich kriege Panik. Wird das jetzt neun Monate so weitergehen? Dann wird das ein teures Dreivierteljahr.

Sie tyrannisiert mich auch mit Namensvorschlägen. Immer wieder fragt sie dieselben Namen durch, die ihr gefallen. Lucia. Simon. Elisabeth. Elisabeth! Doch bloß, weil sie das Musical über Kaiserin Sissi so mag. Ich wünsche mir andere Namen, aber meine Vorschläge findet sie zu exotisch.

Lena erfindet Spiele wie: Man muss von A bis Z zu jedem Buchstaben seinen Lieblingsnamen sagen.

Dass wir uns bisher nicht auf einen Namen einigen können, hat sein Gutes. Ich mache mir nämlich insgeheim Sorgen: Was, wenn etwas schiefgeht, wenn wir das Kind verlieren? In den ersten drei Monaten ist das Risiko hoch. Ich habe gehört, dass jedes dritte Kind nicht das Licht der Welt erblickt. Hatte es schon einen Namen, ist der Schmerz größer, denke ich.

Dabei ist das absurd. Der Schmerz wird auch dann kaum zu ertragen sein, wenn unser Kind noch keinen Namen hatte.

Endlich ist es so weit. Der 18. Januar ist da. XXX wird zum ersten Mal zu uns sprechen. Beide konnten wir in dieser Nacht nicht schlafen. Auch aus Angst. Was, wenn man keinen Herzschlag hört? Wenn es doch nichts wird mit dem Kind?

Müde und überdreht gehen wir zum Frauenarzt. Die Praxis ist überfüllt und wir müssen lange warten. Endlich werden wir aufgerufen. Die Arzthelferin sagt: „Nur Ihre Frau, bitte. Wir nehmen ihr Blut ab, und im Labor ist kein Platz für Sie." Enttäuscht setze ich mich wieder hin.

Als Vater spielt man bei der ganzen Angelegenheit bloß eine geduldete Nebenrolle. Im Wartezimmer gibt es ausschließlich Frauenzeitschriften. Ich höre Lena lachen, ich höre, wie sie mit der Arzthelferin redet. Nach einer halben Stunde – keiner gefühlten halben Stunde, sondern tatsächlichen 30 Minuten, die Lena schon in den hinteren Zimmern verschwunden ist – platzt mir der Kragen. Ich will auch hören, was die Arzthelferin Lena erklärt! Ich bin einer von den zwei Menschen, die hier Eltern werden. Ich habe ein Recht darauf, mein Kind kennenzulernen! Wer weiß, vielleicht gucken sie sich schon die Ultraschallbilder an und hören die Herztöne, ohne mich?

Ich verlasse das Wartezimmer. Auf der Suche nach der richtigen Tür folge ich dem Klang der Stimmen. Da kommt mir im Flur die Ärztin entgegen und fragt mich, wo ich hinwill. „Zu meiner Frau", sage ich. „Ich möchte auch die Herztöne hören."

Sie weist mich streng zurück. Da sei kein Platz. Ich müsse warten.

Ich setze mich nicht zurück in den Warteraum, sondern bleibe auf der Bank beim Empfang, weil ich von dort aus alle Türen im Blick habe und Lenas Stimme und die der Arzthelferin besser hören kann. Leider klingelt dauernd das Telefon, und die Frau am Empfang macht Termine aus, das übertönt alles.

Endlich kommt Lena aus einem der Zimmer. Sie strahlt mich an. Wehe, denke ich, wehe ihr habt schon … Zu meiner Beruhigung sagt sie, die Ultraschalluntersuchung komme noch.

Wir warten wieder. Ich blättere in einer Frauenzeitschrift. Diäten, Kleider, Pflegetipps. Ich finde nichts, das mich ablenken könnte.

Wir werden ins Zimmer der Ärztin gerufen. Sie bietet Lena den Stuhl an und setzt sich gegenüber hinter den Schreibtisch. Für mich gibt es keinen Stuhl und die Ärztin entschuldigt sich nicht mal dafür. Das scheint ganz normal zu sein, wir Männer sind hier nicht so wichtig. Ich stelle mich hinter Lena.

Die Ärztin beginnt zu reden, und ich begreife, wie sehr ich mich getäuscht habe. Sie himmelt mich an. Sie sagt, solche Väter seien etwas Besonderes, die sich ins Behandlungszimmer vorkämpfen wollen. Ich hätte es ja gar nicht erwarten können, das Kind zu sehen! Das finde sie toll.

Trotzdem muss ich wieder warten, während sie Lena hinter einem Sichtschirm untersucht. Dann endlich ruft sie: „Jetzt kann der Papa kommen."

So hat mich noch nie jemand genannt.

Mit wild pochendem Herzen gehe ich um den Sichtschirm herum. Mein Blick bleibt am großen Bildschirm hängen, auf dem ein Kind zu sehen ist, mit Armen, Beinen, Kopf und Bauch, und es bewegt sich, sein Herz schlägt. Meine Güte, so groß ist unser Kind schon!

Das findet die Ärztin auch. Sie habe geglaubt, wir wären in der achten Woche, dabei seien wir schon in der zwölften. Sie misst das Kind vom Kopf bis zum Po, schimpft ein bisschen, dass wir nicht früher gekommen sind, und trägt Lena auf, Magnesium und Folsäure einzunehmen. Von heute an sage ich immer zwei Menschen gute Nacht, nicht mehr nur einem.

Sechs Wochen später spürt Lena das Kind zum ersten Mal. Es zupft an ihr, innerlich, so fühlt es sich an. Ich lege meine Hand auf ihren Bauch und will auch etwas spüren, aber nach draußen dringt nichts davon. Lena sagt: „Als würde es denken, dass es das nicht darf, ganz vorsichtig stupst es mich nur an."

Vor lauter Ungeduld lassen wir bei der Frauenärztin für 40 Euro einen außerplanmäßigen Ultraschall machen. Es ist ein Junge! Und er ist „sehr aktiv", sagt die Ärztin, als er sich während der Untersuchung umdreht und ständig bewegt. Ich bin stolz auf ihn.

Lena kauft kleine blaue Strampler, kleine blaue Hosen, Baby-Sweatshirts, und, was ich kaum fassen kann, sie kauft Monate vor der Geburt Baby-Shampoo. Also, erstens ist unser Kind noch lange in ihrem Bauch. Und zweitens wird es, soweit ich weiß, nicht gerade mit einer langen Mähne zur Welt kommen. Wozu brauchen wir jetzt schon Baby-Shampoo? Ich erkenne

Lena kaum wieder, sie ist doch sonst die Spontaneitätskönigin! Jetzt aber ist sie wie im Kaufrausch. Ich vermute, sie möchte das Gefühl haben, „bereit zu sein".

Ich würde für ihn sterben

Lena bekommt einfach keine Wehen. Weil der Kleine überfällig ist, werden wir ins Krankenhaus einbestellt. Wir fahren mit der Straßenbahn hin. Lena wird ein Medikament verabreicht, aber die Ärztin glaubt selbst nicht daran, dass es etwas bringen wird. Wir sollen uns nicht zu viel erhoffen, sagt sie, bei manchen Frauen wirke es nicht. Möglicherweise zeige es nach einigen Stunden Wirkung, und falls gar nichts passiere, hätte sie noch andere Ideen.

Wir verlassen das Gebäude und setzen uns auf eine Parkbank. In einer Plastikbox habe ich Wassermelone dabei, schon fertig geschnitten, nie werde ich diese Wassermelonenstückchen und die Plastikbox vergessen. Wir haben gerade angefangen zu essen, da sagt Lena: „Wir müssen wieder rein."

„Warum?", frage ich und stecke mir ein weiteres Stück in den Mund.

„Wir müssen rein!", sagt sie eindringlicher und steht auf.

Plötzlich hat sie so starke Wehen, dass sie kaum noch gehen kann. Immer wieder müssen wir stehen bleiben, und ich muss Lena stützen und ihr gut zureden, während sie vor Schmerzen keucht. Wären wir doch bloß nicht so weit gelaufen! Von wegen, es dauert Stunden.

Vielleicht hätten wir doch einen Geburtsvorbereitungskurs besuchen sollen. Leider gab es keine Plätze mehr, in München sind nicht nur Wohnungen und Kindergartenplätze schwer zu ergattern.

Wir sind mit dem Atmen und Keuchen völlig überfordert, und ich weiß nicht, wie ich Lena helfen kann. Wir haben auf dem Weg zur Parkbank das gesamte Krankenhaus durchquert, diese Strecke müssen wir jetzt im Kriechtempo wieder zurücklegen.

Auf der Station wird Lena in ein Bett gelegt, und Instrumente werden an sie angeschlossen, auch auf den Bauch kleben die Hebammen etwas, das den Herzschlag unseres Jungen misst. Sie haben so etwas scheinbar schon öfter erlebt, weshalb sie ruhig bleiben, was mir weniger gelingt. Zu sehen, welche Schmerzen Lena leidet und wie schwer es ihr fällt, zwischen den Wehen überhaupt noch Luft zu holen, bestürzt mich. Ein „Wehensturm", wie sie ihn erlebt, drängt das, was sonst Stunden dauert, zu Minuten zusammen.

Als der Herzschlag des Kindes verstummt, stürze ich panisch hinaus und rufe die Hebamme, die uns für einen Moment verlassen hat. Sie sagt, dass bestimmt nur die kleinen Saugnäpfe auf dem Bauch verrutscht sind. Wie kann sie das wissen? Man hört den Herzschlag unseres Kindes nicht mehr! Ich sehe sie so eindringlich an, dass sie doch nachsieht.

Väter wie ich sind auf Geburtsstationen bestimmt sehr beliebt. Um diesen Eindruck zu verstärken, bitte ich erneut panisch um Hilfe, als nach fünf Minuten ein weiteres Mal der Herzschlag verstummt. Warum passiert das immer, wenn gerade keine Hebamme im Zimmer ist?

Im Vergleich zu mir, dessen Leben gerade wie im Zeitraffer abläuft, bewegen sich die Hebammen mit entnervender Bedächtigkeit. Sie belächeln mich, so kommt es mir vor. Nichts kann sie aus der Ruhe bringen.

Schließlich dürfen wir in den Kreißsaal. Was dort geschieht und was Lena leistet, erscheint mir wie ein Ringen um Leben und Tod. Die Hebamme merkt, wie das Kind im Bauch auf die verschiedenen Haltungen reagiert, manchmal wird der Herzschlag schwächer, deshalb gibt sie Lena entsprechende Anweisungen. Die Nabelschnur hat sich um den Hals des Kindes gewickelt, im Bauch, wo man ihm kaum helfen kann. Um Lena nicht zu beunruhigen, lasse ich mir nicht anmerken, was ich auf den Monitoren sehe, und halte ihre Hand. Noch Tage später wird mir diese Hand wehtun.

Endlich Geschrei, ein kleines nasses Wesen, viel kleiner, als ich es mir vorgestellt habe. Ich dachte, man würde es Lena auf den Bauch legen, aber weil sie genäht werden muss, gibt man mir das Wesen. Es schreit. Mir ist auch nach Weinen zumute, vor Aufregung und Erleichterung und vor Angst um das kleine Geschöpf.

Wie hält man ein Baby? Das habe ich nie geübt. Ich ahne schon, ich bin als Vater überfordert für die nächsten achtzehn Jahre.

„Hallo, kleiner Jona", sage ich. Mit dem Kind im Arm setze ich mich in eine Plexiglaskugel, die im Kreißsaal wie eine Schaukel von der Decke hängt, und lasse ihn an meinem kleinen Finger nuckeln. Das gefällt ihm. Er wird ruhig.

„Abide with me", singe ich, *„fast falls the even tide."* Dieses Lied verbinde ich mit Wärme und Fürsorge, mein Vater hat es für meine Brüder und mich gesungen, als wir klein waren. Jetzt bin ich selbst Vater und möchte meinen kleinen Sohn beschützen, wie mein Vater mich beschützt hat.

Lena wird genäht und auf meinem Arm liegt mit zartem, kaum spürbarem Gewicht ein neuer Mensch. Ich singe leise. Die Würde dieser Aufgabe, Vater für das Wesen in meinem Arm zu sein, überwältigt mich.

Dieser Junge, Jona, wird für den Rest meines Lebens eine der wichtigsten Personen sein, die es für mich auf der Welt gibt. Ich würde für ihn sterben.

Weil der Kreißsaal in den nächsten Stunden nicht mehr gebraucht wird, dürfen wir hierbleiben. Die Hebammen und Ärzte lassen uns allein. Im gedämpften Licht lege ich Jona auf Lenas Bauch und er trinkt zum ersten Mal in seinem Leben von ihrer Brust. Dass er das kann, ohne dass wir es ihm erklärt haben! Anschließend schläft er ein, und wir reden leise bis in die Nacht. Das Glück ist mit Händen greifbar.

Irgendwann muss ich die beiden zurücklassen und nach Hause fahren, ein „Familienzimmer" ist im Krankenhaus nicht frei.

Als ich am nächsten Morgen erwache, das Bett neben mir leer, stürzen märchenhafte Gefühle auf mich ein.

Wir haben einen Sohn.

Ich hole Lena und den Kleinen vom Krankenhaus ab. Auf dem Weg durch die Flure lächelt uns jeder an, die Patienten freuen sich, dass es hier nicht nur Schmerzen und Krankheit gibt, sondern auch neues Leben. An der Rezeption bitte ich darum, uns ein Taxi zu rufen. Aber der eintreffende Taxifahrer weiß nicht, wie man eine Babyschale auf der Rückbank befestigt. Ich weiß es genauso wenig. Ein freundlicher Patient, der gerade aus dem Krankenhaus tritt, hilft uns. Auf der Fahrt fürchte ich bei jedem Schlagloch, dass der Stoß Jona das Genick bricht. Er ist noch so ein zartes Geschöpf.

Zu Hause legen wir ihn in den Stubenwagen. Er füllt mit seinem kleinen Körper nicht mal die Hälfte davon aus. Über sich hat er jetzt einen Himmel aus weißem Stoff. Ich finde, er sollte im Nachbarzimmer schlafen, damit er sich gleich daran gewöhnt. Lena sieht mich entsetzt an, als hätte ich vorgeschlagen, ihn für die Nacht draußen vor das Haus zu stellen. Sie gewinnt die Diskussion nach kurzem Wortwechsel und er schläft in seinem Bettchen neben unserem Bett.

Mitten in der Nacht schrecken wir hoch. Jona hat pfeifend geatmet. Wir sind hellwach, schleichen besorgt um den Stubenwagen herum. Aber er schläft weiter. Also legen wir uns hin, starren in die Dunkelheit und lauschen auf seine unregelmäßigen Atemzüge. Wie kann man so lange Pausen beim Atmen machen? Endlich schlafen wir wieder ein. Nur für Minuten, scheint es. Jona weckt uns, weil er Hunger hat. Ich ahne, dass die Nächte in Zukunft anders verlaufen werden als bisher.

Am nächsten Tag kaufe ich in der Apotheke so viel Verbandsmaterial, dass der Apotheker mich misstrauisch ansieht und fragt: „Das ist aber unter ärztlicher Betreuung, oder?" Er denkt wohl, ich habe einen Kriminellen mit einer Schusswunde bei mir zu Hause versteckt. Dabei ist es nur meine Frau, die sich vorzeitig selbst aus der Klinik entlassen hat.

Nachts wieder ein Schock. Jonas Atem rasselt. Die erste Lungenentzündung? Wir klingeln eine befreundete Kinderkrankenschwester aus dem Schlaf. Sie besänftigt uns. Das könne ein kleiner Rest Milch in seinem Hals sein. Jedenfalls kein Grund, einen Krankenwagen zu rufen.

Was sind wir froh über Erfahrene wie sie, auch über die Nachsorgehebamme, die uns regelmäßig besucht und Jona wiegt und begutachtet und unsere Fragen beantwortet. Es kommt mir so vor, als hätte man mich unvorbereitet in einen Hubschrauber gesetzt und ich müsste das Ding jetzt nach Berlin fliegen.

Jona wächst. Er trinkt und schaut und schläft und lauscht. Die Lichtflecken, die von der Sonne durch das Fenster geworfen werden, faszinieren ihn genauso wie das Tschilpen der Spatzen draußen im Gebüsch. Als er groß genug ist, fängt er an, sich selbst

Aufgaben zu stellen. Er wirft ein Spielzeug so weit von sich weg, dass er es nicht mehr erreichen kann, streckt dann das Ärmchen danach aus und versucht hinzukommen. Was nicht leicht ist angesichts der Tatsache, dass er nur zentimeterweise kriechen kann, und das auch nur rückwärts. Also bleibt ihm bloß eines übrig: Er muss die Aufgabe delegieren. An uns. Er schreit, als habe er schreckliche Schmerzen, bis wir ihm das Spielzeug bringen. Sofort ist er ruhig und denkt entzückt darüber nach, wo er es als Nächstes hinwerfen könnte.

Schließlich kann er etwas Neues. Nein, nicht Krabbeln oder Sprechen oder so etwas. Er presst die Lippen zusammen und pustet Luft hindurch. Das ist eine wichtige Fähigkeit! Wenn er später mal etwas Schweres anhebt, kann er sie gut gebrauchen. Oder falls er Trompete spielen will. Oder wenn er einmal in der Wohnung steht und sich fragt, in welchem Bücherregal das gesuchte Buch steht. Für alle diese Zwecke übt er fleißig und pustet mir ins Gesicht.

Alles, was wir wie selbstverständlich mit unserem Körper anstellen, haben wir auf diese Weise gelernt. Zu greifen. Die Lippen zu spitzen. Gegen helles Licht anzublinzeln. Vertraute Stimmen wiederzuerkennen.

Je lebhafter Jona wird, je mehr Bewegungsfreiheit er sich erobert, desto deutlicher wird uns, dass unser Leben nicht weitergehen kann wie bisher. Noch versuchen wir, den Alltag so fortzuführen wie vor seiner Geburt, aber meist muss einer von uns seine Arbeit unterbrechen, und dann heißt es: „Hältst du ihn mal kurz?"

„Geht nicht, ich muss gerade ..."

Neulich hatte Lena einen Einfall, sie fragte: „Würdest du bitte Jona beschützen?"

Gleich ging mir das Herz auf. Ich nahm ihn und drückte ihn an mich und sagte ihm: „Ich beschütze dich, mein Kleiner." Es machte mich stolz und stark. Was Worte ausmachen! Im Grunde tat ich nichts anderes als vorher, ich hielt ihn „mal kurz", wobei „mal kurz" meist eine Untertreibung ist, das sagen wir nur, um den anderen herumzukriegen und uns eine halbe Stunde Freiraum zu verschaffen.

Mit neun Monaten übt Jona etwas Entscheidendes: Er hustet bemüht, und dann grinst er, als habe er etwas Großes vollbracht und erwarte unser Lob.

Kurz darauf gelingt es ihm, freihändig zu stehen. Er guckt dabei ungläubig, wankt kurz und steht dann noch ein paar Sekunden, bevor er wieder auf seinen Hintern plumpst.

In meinem Arbeitszimmer im neuen Haus liegt ein Atlas der Weltgeschichte. Jona liebt es, ihn aufzuklappen und wieder zuzuklappen. Er blättert auch durch die bunten Seiten, aber hauptsächlich hat es ihm der dicke Pappdeckel angetan.

Weil meine Büromöbel nicht geliefert wurden, stehen seit Monaten Kisten herum. An denen richtet sich Jona auf und klappt sie auf und zu.

Er wirft auch gern Dinge irgendwo hinein. Seinen Schnuller schmeißt er jeden Morgen feierlich hinter unser Bett, also zwischen Wand und Bettkante, was es nicht leicht macht, ihn wieder hervorzuholen. Vielleicht ist genau das der Reiz an der Sache. Er merkt ja, dass ich stark darauf reagiere, wenn er ihn dort verschwinden lässt. Manchmal versucht er auch, ihn gegen unseren Willen in der Toilette zu versenken (was ihm bereits gelungen ist, Lena hat den Schnuller daraufhin natürlich entsorgt). Er wirft Spielsachen in die leere Badewanne. Und er liebt die Waschmaschine. Er zieht ihren Deckel auf und zerrt Sachen heraus, wenn gerade eine Ladung Wäsche fertig geworden ist.

Er läuft kleinen roten und blauen Bällen nach. Und manchmal schiebe ich ihn auf seinem Bobbycar durch die Wohnung.

Ich versuche, Milchreis zu kochen. Weil ich Appetit darauf habe, setze ich mich gegen Lena durch, die nur Herzhaftes zu Mittag essen will. Allerdings muss ich mich dafür selbst an den Herd stellen, was nicht gerade zu meinen großen Stärken zählt. Erst kocht mir die Milch über, und dann habe ich wohl die Hitze immer noch nicht genug heruntergedreht – am Ende ist der Milchreis ein einziger harter Klumpen. Trotzdem ist er bei Jona ein Erfolg. Er will immer mehr davon haben. Vermutlich, weil ich ihn ausnahmsweise mit meiner Gabel fütterte, während Lena ihren Möhrchenbrei nur mit einem langweiligen Löffel an den Mann bringt. Inoffizielles schmeckt doch immer am besten.

Der erste Spaziergang

Jona spricht noch kein Wort, macht keine Tierlaute nach. Wenn ich ihm etwas zeige, folgt er mit den Augen nicht meinem Finger, das Konzept des Zeigens hat er nicht verstanden. Aber dann tut er etwas, das mich verblüfft: Er holt aus dem Schrank die Schachtel mit den Geschirrspülertabs, nimmt einen Tab heraus, öffnet den Geschirrspüler, indem er sich auf die Zehenspitzen stellt und die große Klappe herunterzieht, macht die kleine Luke auf, in die die Tabs gehören, und legt den Tab hinein. So viel hat er schon verstanden! Ich frage mich, ob ich ihn unterschätze.

Fortan finde ich täglich in diesem kleinen Fach eine Muschel, einen Legostein … Scheinbar hat ihm das Ritual gefallen, das ich dort etwas hineinstecke. Es sieht für ihn nach einem Spiel aus. Unsere Geschirrspültabs sind hellblau und rot, ein Spielzeug in seinen Augen. Und dann: Alles, was man in das kleine Fach hineinlegt, ist nach einigen Stunden verschwunden. Wie ist das möglich?

Ich unternehme mit Lena und Jona eine Radtour. Natürlich fährt Jona nicht selbst, er sitzt im Anhänger und sieht sich staunend um. Lena will mir eine Landschaft zeigen, an der sie immer mit dem Auto vorbeikommt. Nie hat sie die Zeit, sie in Ruhe zu betrachten. Das soll heute anders werden. Man hat einen weiten Blick über die welligen Hügel bis zum Horizont. Wir biegen von der Straße ab und fahren immer der Nase nach in die

Postkartenlandschaft hinein. An einem Bauernhof spielen Kinder, ein Junge und ein Mädchen, mit jungen Katzen. Wir bleiben stehen und beobachten sie entzückt. Die Katzen sind erst drei Wochen alt. Der Besitzer, ein etwa fünfjähriger Junge, fragt uns: „Wollt ihr sie mal streicheln?"

Ich darf die Schönste, eine Graue, auf den Arm nehmen und liebkosen. Der kleine Flauschkörper, die blauen Augen und diese winzigen Tatzen! Am liebsten würde ich das Kätzchen mit nach Hause nehmen.

Ich kann mich auf der Heimfahrt nur damit trösten, dass wir Jona haben, der mit seinen elf Monaten mindestens genauso niedlich ist.

Im Juli der erste Spaziergang von Vater und Sohn. Ausbeute: zwei Schnaken (wollte er nur angucken), eine Nacktschnecke (ich habe nur das Angucken erlaubt), einige aus dem Strauch herausgerupfte Rosenblätter, zwei bellende Hunde. Wir füttern Rehe durch den Zaun des Wildgeheges mit Gras. Das extra mitgebrachte alte Brot isst Jona vor den bettelnden Blicken der Rehe selbst auf. Er machte das Gurren der Tauben nach („huhu") und sieht mich stolz an, weil ich dieses Geräusch immer von mir gebe, wenn ich die Eule in seinem Bilderbuch nachmache. Wahrscheinlich hält er die Tauben für Eulen. An fremden Grundstücken macht er Halt und will die Zauntüren öffnen. Ich muss erklären, dass man da nicht einfach reinspazieren kann.

Daraufhin hebt er einen kleinen Stein auf und wirft ihn bei den Leuten über den Zaun. In einer Ritze im Weg findet er eine Löwenzahnpflanze und fasst sie erstaunt an.

Dieses Staunenkönnen ist eine großartige Fähigkeit, die er mir – wie allen Erwachsenen – voraushat. Wir leben in einem Zeitalter der großen Leistungen und der erschöpften Empfindungen. Da ist die Wiederentdeckung des Staunens etwas Wunderbares! Alles zu betrachten, als wäre es das erste Mal. Auf diese Weise kommt man dem Geheimnis der Dinge auf die Spur, die einen umgeben.

Leicht ist das nicht, unser Verstand funkt ständig mit „weiß ich schon längst" dazwischen. Dabei gibt es so vieles, das wir nicht wissen. Kürzlich hörte ich im Deutschlandfunk Kultur eine Sendung über Hornmilben, achtbeinige Spinnentiere, die nicht mal einen Millimeter groß sind. Sie bewohnen den Boden und die Blattstreu im Wald und sind stark gepanzert, deshalb bewegen sie sich nur schwerfällig vorwärts. Am Tag legen sie eine Wegstrecke von gerade mal einem Zentimeter zurück. Im Vergleich dazu kriechen Schnecken fünfzehn Meter am Tag mit einem Vielfachen der Geschwindigkeit einer Hornmilbe. Kommt eine Schnecke vorüber und überholt sie, ist das für sie wie ein vorbeirauschender ICE.

Um schneller reisen zu können, wenden die Hornmilben einen Trick an. Sie lassen sich von den Schnecken fressen und reisen in deren Magen mit. Später werden sie wieder ausgeschieden.

Biologen sagen dazu „Wandern in einem Tier". Draußen wäre es gefährlicher für die Milben, überall lauern Räuber. In der Schnecke sind sie in Sicherheit.

Was passiert noch alles in der Welt, ohne dass ich einen blassen Schimmer davon habe? Ich bin mir sicher: eine Menge.

Jona und ich haben jedenfalls gemerkt, dass wir etwas miteinander anfangen können. Jeden Morgen setze ich mich mit ihm ins Wohnzimmer und wir sehen uns gemeinsam ein halbes Dutzend Bilderbücher an. Er freut sich, wenn ich erschreckt tue, sobald er auf einen Fliegenpilz zeigt, und wenn ich Tiergeräusche nachahme oder ihm Geschichten zu den Bildern erzähle.

Die ersten Worte, die er spricht, sind für mich ein Wunder. Wir sind beim Arzt. Auf einem kniehohen Tischchen liegen Zeitschriften aus. Jona wirft sie alle herunter. Ich sage mit erhobenem Zeigefinger: „Nein, nein, nein!" Nachdem ich die Zeitschriften wieder auf den Tisch geräumt habe, baut sich Jona vor dem Tisch auf, dreht sich zu den drei Damen um, die ebenfalls auf ihren Arzttermin warten, hebt den Zeigefinger und erklärt: „Nei, nei, nei!" Das müssen die lernen, ist schon klar. Im Wartezimmer wirft man keine Zeitschriften herunter, das gilt auch für ältere Damen.

„Nan" bedeutet in seiner Kleinkindsprache „Essen". Im Schlafzimmer auf dem Nachttisch steht bei uns eine Lampe aus Steinsalz, die ein sanftes, orangefarbenes Licht verbreitet. Jona krabbelt hin und leckt daran. Dann fragt er: „Nan?" Ich probiere es ebenfalls und lecke an der Lampe. Sie schmeckt tatsächlich salzig.

Später beim Mittagessen fragt mich Lena: „Ist es zu scharf?"

Jona kräht begeistert: „Mäh!"

Er meint wohl, wir würden uns über sein Lieblingstier unterhalten.

Das Wort „Papa" sagt er noch nicht. Als ich nach fünf Reisetagen heimkehre, begrüßt er mich freudestrahlend mit: „Mama!" Alle vertrauten Lebewesen sind für ihn Mama. Selbst die Katze meiner Schwiegereltern nennt er so.

Steine können reden

Wie beängstigend es ist, ein Kind zu sein. Manche Hunde sind größer als man selbst, bei Insekten weiß man nicht, was sticht, was beißt und was man unbeschadet über den Finger krabbeln lassen kann, und größere Kinder zeigen dieses hämische Funkeln in den Augen, kurz bevor sie einen umstoßen. Alles entscheiden Erwachsene für einen: wann man aufsteht, wann man schlafen geht, wann man isst, was man isst, was man anfassen darf und was nicht, wo man hingehen darf und wo nicht. Die Machtlosigkeit, das Ausgesetztsein sind nichts Schönes. Dazu die Angst, am endlosen Meeresstrand die Eltern nicht wiederzufinden. Der Schreckmoment, wenn man sich an das Bein eines Fremden geklammert hat, weil man ihn für den Vater hielt, und man merkt plötzlich, man ist dem Falschen hinterhergelaufen.

Jona weint wegen seiner neuen Schuhe. Es ist erst das zweite Paar Schuhe in seinem Leben und er liebte das erste. Jetzt protestiert er, wenn wir ihm die Schuhe anziehen, und will sie wieder ausziehen. Sie sind ihm fremd.

Aber es wird kalt draußen, er braucht kleine Stiefelchen, die Halbschuhe sind zu dünn und bedecken seine Knöchel nicht, er bekommt kalte Füße.

Und warum darf man Autos und andere harte Gegenstände nicht werfen? Er schmeißt doch so gern mit Dingen! Wenn ich ihn schimpfe, hält er sich mit beiden Händen die Augen zu, damit er „weg" ist. Kann er mich nicht mehr sehen, glaubt er, dass auch ich ihn nicht sehe. Eine Unsichtbarkeitskappe. Davon habe ich als Kind auch geträumt. Ich sage: „Ich möchte nicht, dass du die Autos schmeißt." Und schwupps, ist er verschwunden.

Vielleicht ist es ein Fehler, dass ich ihn gewähren ließ, als er in der Badewanne sein Entchen und die anderen Spielsachen geworfen hat. Sie platschten so schön ins Wasser. Da hat er gelacht. Wie soll er begreifen, was man werfen darf und was nicht?

In der Kindheit ist das Leben viel intensiver. Jedes Ereignis hat große Bedeutung. Als Erwachsene sind wir nüchtern, wir lassen uns vom Leben nicht mehr berühren, sind sogar stolz darauf, dass wir gelernt haben, unsere Verluste abzuschreiben. Was um uns herum geschieht, und sogar das, was uns selbst geschieht, betrachten wir mit einem milden Bedauern.

Für ein Kind ist aber in den ersten Lebensjahren alles lebendig. Steine können reden, Bäume beobachten einen wohlwollend mit lustig emporgereckten Armen voller Zweige, und jedes Spielzeug hat ein kleines pochendes Herz. Ich erinnere mich, wie ich als Kind einmal am Morgen aufwachte und bemerkte, dass mein Plüschtier – ein Fuchs – neben dem Bett auf der Schnauze lag. Die ganze Nacht musste er so gelegen haben, weil ich ihn im Schlaf aus dem Bett gestoßen hatte. Ich hatte ein derart schlechtes Gewissen, dass ich versuchte, ihn durch zärtliches Streicheln zu trösten. Meine ernsthafte Sorge war, der Fuchs könnte sich ungeliebt fühlen.

Für ein Kind hat jede Erbse auf dem Teller eine eigene Persönlichkeit. Die Fernbedienung ist ein Dampfer, der über das Weltmeer des Wohnzimmerteppichs fährt. Im Papierflieger sitzt eine Crew, die sich vor dem Start noch eifrig unterhält. Und die Figuren im Bilderbuch halten nur still, während man sie betrachtet. Schließt man das Buch wieder, erwachen sie zum Leben.

Dazu das beflügelnde Glück, täglich den eigenen Handlungsspielraum zu erweitern! Jona kann neuerdings rückwärts laufen. Er ist so begeistert von seiner neuen Fähigkeit, dass er dabei über das ganze Gesicht strahlt. Wir haben jetzt also einen Anderthalbjährigen, der juchzend und lachend rückwärts durchs Haus läuft.

Zwischendrin pest er wieder vorwärts und freut sich daran, wie schnell er laufen kann. Wie gut, dass wir das Haus gekauft haben. Ich weiß von Freunden, die in München leben, wie sehr sich die Mieter unter ihnen an den vielen kleinen Schritten der Kinder stören.

Diesen Streit kann man aber auch ohne Kinder haben. Nach einer Lesung erzählt mir S. von der alten Dame, die unter ihm wohnt und ihm vorhält, sie höre jeden Schritt, den er mache, sie höre es sogar, wenn er spät am Abend zur Toilette gehe. Tatsächlich knarzen die Dielen im alten Haus. Ein Jahr lang schleicht S. durch seine Wohnung und muss immer an die alte Dame denken und daran, wie sie unter seinen Schritten leidet.

Als sie wieder einmal schimpft, bittet er seinen Freund B., in der Wohnung laut zu gehen und zu hüpfen, während er unten die alte Dame besucht. Zu seiner Verblüffung hört er nichts. Gar nichts.

Ein Jahr lang hat er sich umsonst gequält. S. und B. sind von Beruf Puppenspieler, in der Vorstellung der alten Dame sind solche Künstler nachts aktiv und laut und, so warf sie S. vor, „tanzen und springen in der Wohnung herum". Daran hat sie so fest geglaubt, dass sie es tatsächlich hörte. Auch den Müll trennen sie nicht („das können Künstler nicht") und sie putzen das Treppenhaus nicht richtig. Wie uns Vorurteile oft blind machen!

Zugegeben, bei Kindern bilden wir uns den Lärm nicht ein. Er ist da. Ich leide ja selbst darunter, wenn ich an einem Manuskript sitze und arbeiten möchte, und im Haus gibt es Geschrei. Andererseits ahne ich schon, wie die Kinder mir fehlen werden, in achtzehn Jahren, wenn sie ausgezogen sind und es still sein wird im Haus. *Die* Kinder? Jona bekommt ein Brüderchen!

Jona hat herausgefunden, dass sein Körper auf gewisse Impulse mit Schmerzen reagiert. Das fasziniert ihn. Er kneift sich immer wieder selbst in den Babyspeck und sagt, als habe er eine wichtige Entdeckung gemacht: „Aua."

Kurz darauf folgt endlich das Wort „Papa". Ich bin verblüfft, wie genau er uns scheinbar bei unseren täglichen Verrichtungen beobachtet. Wenn wir ihn baden, kann er unser Sortiment an

Duschgel- und Shampooflaschen erreichen, die neben der Badewanne stehen. Er weiß genau, welche Lena verwendet, zu diesen sagt er: „Mama", und welche ich verwende, dazu sagt er: „Papa" und sieht mich um Bestätigung heischend an.

Der Frühling ist da. Jona jagt trockenes Laub, das der Wind über den Gehweg treibt. Als er ein paar Blätter erbeutet hat, hält er sie den Amseln hin, als Futter. Leider verschmähen sie sein Angebot und fliehen ins Gebüsch. Er kniet sich vor einen Baumstamm und versucht, Feuerwanzen mit einem Stück Rinde zu füttern. Wieder erfolglos. Aber nichts kann seine Frühlingslaune trüben. Dann rührt er eben mit einem Stock in einer matschigen Pfütze! Es gibt so viel zu entdecken, wenn man anderthalb Jahre alt ist.

Ein Kind, das am Strand in seinen grünen Gummistiefeln den Möwen nachläuft oder unermüdlich den Sand umgräbt, obwohl doch der ganze Strand aus Sand besteht und das eine Loch keinen Unterschied macht – es erlebt eine Freiheit, die wir nicht mehr kennen. Wir kennen den Erfolg, ein Haus zu bauen (oder zu kaufen), den Erfolg, ein Buch zu schreiben, ein Auto zu reparieren. Wir schätzen es, sinnvolle Arbeit zu erledigen. Und das ist gut! Nur haben wir verlernt, auch das Flüchtige zu bestaunen. Das, was sich nicht in Geld ausdrückt, nicht in Ergebnissen und Doktortiteln. Vieles in unserem Leben ist flüchtig. Wie arm werden wir, wenn es unbemerkt an uns vorüberzieht.

Kindern ist dieses Flüchtige genauso wertvoll wie das Beständige. Sie jubeln über ein Lied, eine Möwenspur im Sand. Eine Umarmung oder zehn Minuten auf dem Schoß eines geliebten Menschen sind ihnen kostbar.

Das Fernsehen schneidet für uns die Höhepunkte zusammen. Im Vergleich dazu erscheint uns das echte Leben langweilig. An einem Teich oder einem Fluss zu hocken, ödet uns an. Wann springen da endlich die Fische? Wo quaken die Frösche? Warum kann ich weder Eisvögel noch Bären sehen?

Geduldig zu warten und das Kleine zu bemerken, fällt uns schwer. Aber es ist da: Libellen, Rückenschwimmer, Köcherfliegenlarven in ihrem Panzer aus Pflanzenresten. Wir sind blind dafür, wir wollen die Wunder mundgerecht serviert bekommen, wollen sie mühelos verzehren. Dabei vergessen wir, dass für die Tiersendungen im Fernsehen wochenlang gefilmt wurde, dass da jemand lange beobachtet und gewartet hat.

Die Wahrheit ist, wir sind umgeben von Wundern. Schönwetterwolken zum Beispiel haben das Gewicht eines ausgewachsenen Elefanten und schweben doch mühelos am Himmel wie geflügelte Pferde. Warum fallen sie nicht herunter? Die einzelnen Tröpfchen sind winzig, Wasserstaub, der von Luftströmungen hinaufgeblasen wird, und wenn er doch einmal herabfällt, dann langsam. Erst wenn sich die kleinen Tröpfchen zu immer größeren zusammenfinden, fallen sie schneller und schneller herunter, und es regnet.

Und die kleinen Vögel, die da vor meinem Fenster pfeifen? Sie sind so schmächtig, kaum eine Handvoll Federn und Knochen und ein dünner Körper, aber sie singen mit Kraft in den Tag.

Auf dem Erdbeerfeld

Fünf Uhr morgens sitzt Lena mit heftigen Wehen neben mir im Auto. Gleich hinter dem Ortsausgangsschild platzt die Fruchtblase, dabei haben wir noch 25 Minuten Autofahrt vor uns. Ich gebe Gas, wir rasen durch die Dörfer. Im einen Moment bin ich euphorisch, im nächsten wieder besorgt, nicht rechtzeitig anzukommen.

Vor dem Krankenhaus stütze ich Lena, wir eilen zum Kreissaal. Die Hebamme will uns für die Aufnahmeformalitäten in die zweite Etage schicken. Lena sieht sie ungläubig an und sagt: „Ich kriege *jetzt* mein Kind!"

„Es ist das zweite", erkläre ich, „es wird schnell gehen. Und die Fruchtblase ist schon vor einer halben Stunde geplatzt."

Nun dürfen wir doch in den Kreissaal. Die Hebamme tastet nach dem Muttermund, dann ruft sie eilig das Team zusammen. „Das Kind wird gleich da sein."

Unser Kleiner entscheidet sich aber zu einer letzten Drehung, die alles komplizierter macht. Er möchte „Sternengucker" sein. Die meisten Kinder drehen sich mit dem Gesicht nach unten durch den Beckenausgang. „Sternengucker" blicken dagegen nach oben. Sie können in ihrer Haltung die Biegung im Becken schwerer passieren. Mitunter wird dabei die Saugglocke gebraucht. Als ich sehe, dass die Hebammen solche Gerätschaften in den Kreissaal bringen, würde ich sie am liebsten wieder hinausschicken. Die Minuten dehnen sich zu Stunden, am Bett im Kreissaal wird gekämpft. Man ruft die Oberärztin, besorgte Gesichter bei den Hebammen. „Sollen wir das Kind lieber holen?", fragen sie, aber die Oberärztin schüttelt den Kopf. „Die Mutter ist jung und gesund, das schaffen wir."

Endlich kommt der Kleine zur Welt. Ohne Saugglocke. Man entschuldigt sich bei mir, dass ich die Nabelschnur nicht durchschneiden darf, es sei alles etwas schwierig. Plötzlich Getuschel und erstaunte Gesichter. Felix Amadeus hätte tot sein müssen, sagen sie uns.

„Warum", frage ich, „Sternengucker gibt es doch öfter?"

Die Oberärztin zeigt Lena und mir die Fruchtblase. Solche Geburten gingen nie gut aus, sagt sie, die Babys würden verbluten. Die Fruchtblase ist von Adern überzogen, die da nicht hingehören, sie dürften dort nicht wachsen. Die Oberärztin zeigt uns die Lücke zwischen den Adern, die Felix für den Weg nach draußen gewählt hat, seine einzige Chance, keine Ader anzureißen, ein kleines Fenster in einem kreisrunden tödlichen Netz. Felix ist klein und schwach, er hat nur 400 Milliliter Blut, zwei Gläser voll. „Er wäre schnell verblutet, und wir hätten nicht gewusst, dass es sein Blut ist und nicht das Blut der Mutter." Sie habe solche Geburten selbst erlebt, die Kinder hätten keine Chance zu überleben.

Ob sie die Fruchtblase bitte fotografieren und in einer Ärzte-Fachzeitschrift veröffentlichen dürfe? Die Aderausbildung habe sie in dieser intensiven Form noch nie gesehen. Dass Felix lebe, sei ein Wunder.

Felix ein Wunder? Das braucht man mir nicht zu sagen! Ich halte ihn im Arm und könnte in diesem Moment die Welt retten.

Jona ist wegen einer Bindehautentzündung und einer Lungenentzündung bei den Schwiegereltern, damit soll er den Kleinen auf keinen Fall anstecken. Man hat uns sowieso im Krankenhaus ins Gewissen geredet. Sie hätten Felix gern noch dabehalten, er sei so leicht und so klein, eine „Mangelgeburt", das müssten sie überwachen. Ich empfinde das Wort als Beleidigung. Felix ist gesund, ihm fehlt nichts, er ist ein prächtiges Kind! Der Arzt bittet mich aus dem Zimmer und redet mir ins Gewissen, Felix dürfe auf keinen Fall frieren, wir müssten gut auf ihn aufpassen, auch bei der Ernährung. Man gebe ihn nur frei, wenn wir unterschreiben würden, dass wir die Verantwortung übernähmen. Ich unterschreibe das Formular und wir bringen den kleinen Schatz nach Hause.

Statt alle meine Buchmesse-Termine abzusagen und bei Lena zu bleiben, fahre ich schon zwei Tage später nach Leipzig und im Anschluss nach Berlin für ein Interview mit dem RBB-Fernsehen. Ich bilde mir ein, dass es notwendig ist, um den Verkauf meines Romans anzukurbeln. Meine Arbeit ernährt uns, ich sichere damit unsere Existenz. Und ich habe Lena vor der Abreise gefragt, ob es in Ordnung ist, dass ich fahre.

Als ich nach Hause komme, sehe ich an Lenas Zustand, dass es falsch war, so kurz nach der Geburt wegzufahren. Lena hätte mich in diesen Tagen gebraucht. Immerhin, Jona darf jetzt zu seinem Geschwisterchen und streichelt ihm liebevoll das kleine Gesicht. Die beiden werden sich ein Leben lang haben.

Eine Woche nach der Geburt sind wir zu viert bei der Frauenärztin. Die Ärztin, die uns schon gut kennt, nimmt Felix, der in seiner Babyschale liegt, und begleitet Lena in ein anderes Zimmer, ich bleibe mit Jona im Wartezimmer. Doch Jona kann das nicht begreifen. Er rennt mit wildem Angst- und Wutgeheul der Ärztin hinterher. Jemand will sein Brüderchen entführen! Ich staune, dass er nur wenige Tage nach der Geburt schon so empfindet und sicher ist, dieser kleine Kerl gehört zu ihm und niemand darf ihn wegnehmen.

„Das zweite Kind läuft mit", haben sie uns gesagt. Dabei ist das Leben mit zwei Kindern mindestens doppelt so anstrengend wie das mit einem. Wir sind ständig müde, weil die Kinder sich nachts alle paar Stunden gegenseitig wecken. Entweder wacht Jona auf und weckt mit seinen Rufen nach der Mama seinen kleinen Bruder, oder Felix bekommt Hunger und reißt mit seinem Säuglingsstimmchen Jona aus dem Schlaf.

Ich hatte schon immer einen leichten Schlaf. Früher hörte ich den Nadeldrucker meines Vaters im Nachbarzimmer, dann mussten meine Eltern Jahre später den Thermostat mit integrierter Uhr, die leider tickte, mit einer eigens konstruierten ausgepolsterten Schachtel abdecken, wenn ich bei ihnen zu Besuch war und auf dem Sofa im Wohnzimmer übernachtete. Heute sind es meine Kinder, die mich wecken. Manchmal genügt es schon, dass sie im Schlaf seufzen oder durch eine Drehung sanft mit dem Kopf gegen das Bettende stoßen. Dass Schlafmangel eine Foltermethode ist, glaube ich sofort. Und Lena trifft es härter als mich. Schon immer war es so, dass sie eine Stunde mehr Schlaf pro Nacht brauchte als ich. Ihr setzt der Schlafmangel kräftig zu.

In einem Trostbuch für Eltern lese ich, eine Mama mit Neugeborenem könne stolz auf sich sein, wenn sie es tagsüber schaffe, sich die Zähne zu putzen. Mehr dürfe sie sich nicht vornehmen. Das sage ich Lena, um sie aufzumuntern.

Die Wahrheit ist: Auch tagsüber gibt es viel zu tun. Nach jeder Mahlzeit braucht die Küche eine Grundreinigung. Die Waschmaschine läuft rund um die Uhr, wir könnten jemanden in Vollzeit einstellen, der die Kinder wickelt, und Jona kann schon wunderbar ausräumen – ist der Inhalt sämtlicher Kinderzimmerschränke auf dem Boden verteilt, macht er in der Küche weiter –, nur das Einräumen beherrscht er leider noch nicht.

So bezaubernd die Kinder auch sind, ich fange an, mich nach der verlorenen Freizeit zu sehnen. Ich würde gern wieder tanzen gehen, ins Kino oder ins Restaurant. Freunde treffen. In Ruhe ein Buch lesen.

Wenn die Kinder schlafen, sehen sie so friedlich und schutz-bedürftig aus, dass ich sie abküssen könnte. Lena und ich sehen sie uns jeden Abend an und werfen uns verliebte Blicke zu. Wir könnten uns jetzt endlich anderen Themen widmen. Trotzdem reden wir nur von ihnen und tauschen uns über die besonderen Momente des Tages aus. Ein verrücktes Leben ist das.

Einmal bringe ich aber doch ein anderes Thema auf. Die Rad-tour, die wir mit Freunden unternommen haben, bevor die Kin-der kamen. Von Hamburg nach Berlin, und schon am ersten Tag regnete es sich fest. Wir sahen aus wie Mondfahrer, selbst die Schuhe an unseren Füßen waren wasserdicht verpackt. Das Ge-päck auf den Fahrrädern trug orangerote Regenüberzüge.

Am Abend hört der Regen plötzlich auf. Wir fahren bei Lau-enburg über die Elbbrücke. Unfassbar, wie lange man über die Elbe fahren kann! Während die Autos an uns vorbeirauschen, überqueren wir den Bretteranbau der langen Brücke und bestau-nen die endlosen Elbwiesen und die breite, träge Wassermasse mit den Schiffen. Der Ausblick auf die Lauenburger Häuser am Ufer ist märchenhaft.

Mit dem Auto wäre dieser Moment im Handumdrehen vorü-ber gewesen. Wir jedoch haben Zeit, ihn auszukosten.

Jede Reisegeschwindigkeit öffnet den Blick für andere Din-ge. Bei einer Zugfahrt mit 200 Stundenkilometern sieht man Talsperren und schöne Täler. Auf unserer Radtour bestaunen wir Störche, die durch die feuchten Elbwiesen staken und sich schnabelklappernd umwerben. Ich beobachte sogar einmal, wie einer einen Frosch aus dem Gras schnappt und verschlingt.

Irgendwann tun uns die Schultern, das Gesäß und die Beine weh. Aber die frische Luft weht uns herrlich um die Nase. Wir wollen nirgendwo anders sein als hier in den Elbwiesen.

Gibt es das im Leben auch – unterschiedliche Reisegeschwindigkeiten? Und wie würde ich die Zeit beschreiben, die wir jetzt mit den Kindern verbringen? Vielleicht gleicht sie einer kurvenreichen Landstraße mit Stau. Man hat nicht das Gefühl, schnell zu reisen, fühlt sich aber durch die Aufgabe des Fahrens ausgezehrt.

Die Tage sind vollgestopft mit Pflichten, manchmal fühle ich mich wie ein Eurostück in einem Automaten: Morgens werde ich reingeworfen und ein Tag kommt raus, und abends holt man mich wieder aus der Kasse.

Und doch gibt es Momente, die mich über alle Mühen fliegen lassen und für Jahre entlohnen. Zum Beispiel, Jona dabei beobachten zu dürfen, wie er zum ersten Mal gegen eine Wand läuft, während er im Gehen ein Bilderbuch „liest". Ich könnte platzen vor Stolz.

Er baut auch seinen „Augen zu"-Trick weiter aus. Als ich ihn ins Bett bringe, richtet er sich auf – er soll eigentlich liegen bleiben – und tapst mit geschlossenen Augen auf der Matratze herum. Er denkt wohl, weil er mich nicht sieht, kann auch ich ihn nicht sehen.

Im Garten der Schwiegereltern entdeckt er, dass die Katze es überhaupt nicht mag, wenn man ihr mit der Gießkanne Wasser über den Kopf gießt. Dass ein kleiner Kerl wie er schon so hämisch lachen kann!

Wir teilen unsere Küche gerade mit einigen Fruchtfliegen. Ich glaube, sie sind sehr sensibel. Ständig haben sie ein schlechtes Gewissen. Sie sitzen auf den Schalen einer Möhre, die ich für Jona und mich geschält habe, und sobald ich in ihre Nähe komme, fliegen sie auf, als würden sie sagen: „Entschuldigung! Nichts passiert! Wir sind schon weg." Erst wenn ich ihnen den Rücken zuwende, setzen sie sich wieder hin.

Während ich morgens dusche, sitzt Jona meist in der Badewanne. Heute hat er keine Lust zu baden. Also schleppe ich ihm einen Stapel Bilderbücher ins Badezimmer, fange mit ihm das erste an und sage, er solle weiterblättern, während ich unter der Dusche bin.

Was tut mein Sohn? Er kauert die ganze Zeit da und wartet. Er öffnet nicht einmal weitere von den kleinen Klappen im Bilderbuch, sondern hält geduldig aus, bis ich geduscht, abgetrocknet und angezogen bin. Dann ruft er: „Papa", und zeigt aufs Buch, und wir sehen es uns gemeinsam zu Ende an. Ist ja klar: Bei einem spannenden Film hält man die DVD auch an, wenn einer der Zuschauer den Raum verlässt. Jona kann nicht ertragen, dass ich auch nur eine Seite des Bilderbuchs verpasse.

Später fahren wir zu einem Erdbeerfeld. Schon beim letzten Ausflug dorthin hat er Lena die Schüssel mit den gesammelten Erdbeeren ausgekippt, und sie hat ihm klargemacht, dass das nicht geht. Heute tut er es wieder, wir weisen ihn zurecht. Er versucht es ein weiteres Mal, ich kann ihn gerade noch am Arm festhalten und schimpfe. Als er nach kurzer Zeit den dritten Anlauf unternimmt, fahre ich ihn hart an.

Was darauf folgt, zieht mir den Boden unter den Füßen weg. Ich sehe es in ihm aufsteigen, er schluchzt lautlos, Tränen rollen über seine Wangen, und er kommt – obwohl Lena neben ihm hockt – zu mir, der ich ihn doch gerade angefahren habe, und legt mir seinen Kopf auf den Schoß. Sein kleines Gesicht sieht dabei so unglücklich aus und diese Suche nach Nähe und Vergebung ist so aufwühlend, dass ich noch Stunden später darüber nachdenken muss und mir mein kleiner Jona leidtut.

In unserer Straße gibt es einen Pflaumenbaum, die Äste hängen bis über den Zaun. Ich bin gerade darunter entlangspaziert. Dieses süße Pflaumenaroma in der Luft! Dass Früchte so intensiv duften, auch wenn man noch gar nicht davon abgebissen hat, finde ich erstaunlich. Vielleicht hat es mit der Hitze zu tun? Heute sind es fast 30 Grad. Zur Probe gehe ich in die Küche und rieche an den Äpfeln und den Erdbeeren. Tatsächlich, auch sie duften.

Abends liege ich neben Jona im Bett, er will nicht einschlafen. Plötzlich deutet er auf mein T-Shirt, auf den Buchstaben R, und sagt: „Rrrrr." Ich bin verblüfft. Jona ist noch keine zwei und kann schon lesen? Er zeigt mir das S. „Essss." Mir fällt sein Schaumstoffpuzzle ein. Manchmal sagen wir den Namen des Buchstabens dazu, wenn er einen in die Puzzlelücke einfügt. Ich zeige auf weitere Buchstaben. Er kennt und benennt auch das A, B, C, D, E, das T, das I. Offenbar mag er solche Formen.

Welche Welten ihm die Buchstaben später einmal eröffnen werden! Sechsundzwanzig Buchstaben. Mehr brauchen wir nicht. Damit können wir Geschichten erzählen, Erlebnisse, Gefühle, Gedanken festhalten und teilen.

Jona erobert sich gerade den Schlüssel dazu.

Ich gehe mit ihm spazieren und wir sehen ein Flugzeug am Himmel. Er steckt die Arme in die Höhe und ruft, mit Blick auf mich: „Haben!" Eine Boeing 747 zum Geburtstag, wie soll ich die denn einpacken, mein Kleiner?

Am Abend gibt es ein Gewitter, Jona und ich stehen am Fenster. Ihm gefällt das Donnern und Blitzen nicht. Er verlangt: „Aus! Nich!", und schüttelt unwillig den Kopf. Wo hab ich doch gleich die Fernbedienung … Es berührt mich, was mein Sohn mir alles zutraut.

Ein Schneckengehege

Auf dem Weg zum Zoo zählt Jona die Tiere auf, die er zu sehen hofft: Tiger, Elefanten, einen Pfau, Hummeln, Schnecken. Fast alle seine Wünsche werden erfüllt. (Ein Schneckengehege im Zoo – das wäre doch mal was.) Allerdings ist sein Umgang mit den Tieren etwas unrealistisch. Bei den Giraffen verlangte er: „Ei-ei!" – er möchte sie streicheln. Beim Nashorn sagt er euphorisch: „Fangen!"

Auch Felix gefällt es im Zoo. Er dreht sich im Kinderwagen auf den Bauch und guckt vorn raus wie ein Rennfahrer. Die Leute bleiben verzückt stehen und sprechen uns an, so niedlich finden sie ihn.

Was soll das sein, Alltag? Dass ich die Augen öffne und Licht fällt herein und ich sehe das Fenster und die Lampe und neben mir im Bett eine schöne Frau und die Frau wacht auf und umarmt mich und berührt meinen Mund mit ihren Lippen? Dass im Nachbarzimmer kleine Jungen ihre Ärmchen nach mir ausstrecken und sich von mir aus dem Bett heben lassen?

Felix liebt es, Papier zu essen. Er krabbelt zielgerichtet zum Papierkorb im Arbeitszimmer, rupft sich von den überstehenden Seiten ein Stück ab und stopft es sich in den Mund. Wenn ich versuche, ihm das Papierknäuelchen wieder abzunehmen, wehrt er sich.

Er zieht sich überall hoch und steht dann, stolz strahlend, auf wackeligen Beinen. Bis ihn die Kraft verlässt und er umkippt. Leider stützt er sich dabei nicht ab, er fällt mit dem Kopf auf den harten Boden. Lena lässt ihn manchmal mit Wintermütze durch die Wohnung krabbeln, damit er etwas weicher fällt. Wir können ihm ja nicht rund um die Uhr folgen und ihn jedes Mal festhalten. Ans Aufgeben denkt er nicht, gleich nach dem Trösten zieht er sich am nächsten Stuhl, Wohnzimmertisch oder Treppenabsatz hoch.

Und Jona hat wohl mein Weltschmerz-Gen geerbt. Er weint abends beim Schlafengehen plötzlich los, kann keinen Grund sagen (oder nennt viele wirr durcheinander: Kopfweh, Bauchweh, Mückenstich, Hunger) und ist wie aus dieser Welt herausgefallen, er weint und lässt sich nicht trösten. Schlimm ist das besonders nachts. Wir sind ratlos. Er zeigt an die Decke, sein leuchtender Marienkäfer hilft nicht, Notfall-Schokolade hilft nicht, mit Mama kuscheln hilft nicht. Hat er schlecht geträumt? Am Ende tragen Lena oder ich ihn auf und ab und irgendwann beruhigt er sich. Das ist nicht gut für den Rücken, auch wenn er schlank ist, wiegt er inzwischen zu viel, um ihn länger zu tragen.

Selbst tagsüber hat er vor manchem Angst. Die Autowaschanlage ist ihm zu laut, die Hunde bellen zu aggressiv, beim Haarewaschen rauscht ihm das Wasser in den Ohren.

Dann wieder ist er wild und mutig, rennt johlend durch den Kinderraum der Kirchengemeinde, schüttet begeistert die

Legokiste aus, dass die Steine nur so scheppern, will tanzen, will kopfüber schaukeln. Da soll einer schlau werden aus dem Kind!

Weil er noch keine Mehrwortsätze spricht, wird Jona bei der U7-Untersuchung als „nicht altersgerecht" eingestuft. Wir sollen zum Ohrenarzt und zum Augenarzt, um prüfen zu lassen, ob er uns gut genug hört und unsere Lippen beim Reden sieht.

Der Mangel wird im offiziellen Untersuchungsheft festgehalten, das man bei jedem Arztbesuch und bei der Kindergartenanmeldung vorzeigt und das mir schon beinahe wie ein Zeugnis vorkommt. Auf statistischen Kurven wird darin bei jeder Untersuchung eingetragen, ob unsere Kinder sich hinsichtlich Körpergröße und Gewicht altersgemäß entwickeln. Die Ärzte machen ein Kreuzchen im Koordinatensystem, zwischen zwei Kurven, die anzeigen, was es mindestens sein sollte und was höchstens sein darf. Wir Eltern werden geprüft: Habt ihr euer Kind gut genug ernährt? Habt ihr es ausreichend gefördert?

Bisher war ich jedes Mal froh, dass die Kreuzchen vom Kinderarzt an der richtigen Stelle gemacht wurden. Und nun also „nicht altersgerecht entwickelt".

Weil wir heutzutage so genau messen können und Statistiken lieben, erkennen wir kleinste Abweichungen von der Norm. Vor der Diagnose haben die Abweichungen niemandem etwas ausgemacht, mit ihrer Entdeckung aber ist ein Problem in die Welt gesetzt, das nach Lösungen schreit.

Wenige Wochen nach der Untersuchung plappert Jona fröhlich Zwei-Wort-Sätze. Dazu haben wir nichts beigetragen, es kam von ganz allein. Laut Augenarzt braucht Jona eine Brille, aber schon bevor er sie überhaupt erhalten hat, ist das Eis gebrochen, und er spricht wie andere Kinder auch.

Warum jagt man Eltern einen solchen Schrecken ein? Warum kriegen Kinder diesen Stempel? Ihre Entwicklung folgt eben nicht exakt dem immer gleichen Zeitplan.

Ich ärgere mich über den modernen Drang, alles zu vermessen und zu vergleichen. Heute, wo ich diesem Buch den letzten Schliff gebe, zählt Jona zu den Redegewandten seiner Altersgruppe. Es war völlig unnötig, uns Sorgen zu bereiten.

Jona sagt „Niesnap" zum Nilpferd. Und Felix sagt neuerdings: „Mama." Ich liebe es, dass die Kinder reden. Lange Zeit war Jonas Wort für den kleinen Bruder „Wäh" (eine Erklärung dafür erübrigt sich wohl), inzwischen sagt er aber schon „Felitz" zu ihm. Vor allem, wenn er ihm etwas „verbietet", ruft er ärgerlich: „Feeeelitz!"

Neulich stand Jona mit seinen zwei Jahren unten an der Treppe und ahmte professionell Lenas Tonfall nach: „Essen gibt's!" Ich verließ das Büro, ging runter und lobte ihn, dass er mich zum Essen holte. Ist ja auch süß, wie sein helles Stimmchen die Mama imitiert. Allerdings hat er sich die Sache gemerkt. Seitdem steht er mehrmals täglich, unabhängig von den Essenszeiten, unten an der Treppe und ruft: „Essen gibt's! Papa!" Er ruft unterbittlich, minutenlang. „Essen gibt's!" Wenn ich dann runtergehe, gesteht er, was er eigentlich von mir möchte: „Papa, spielen."

Was soll's. Jedes Jahr wird weltweit mehr Monopoly-Geld gedruckt als echtes Geld. Das ist doch mal eine schöne Nachricht. Der Spieltrieb hat die Nase vorn und nicht das erfolgshungrige Erwachsenenleben.

Mein Großvater erzählte mir ein Kriegserlebnis, das mich als Kind sehr beeindruckt hat. Seine Kompanie hatte den Auftrag, eine Ortschaft nach Russen zu durchsuchen, und jeder Russe sollte erschossen werden. Als mein Großvater einen fand, schien die Zeit stillzustehen.

Der Russe trug ebenfalls ein Gewehr, sie sahen sich in die Augen. Keiner von ihnen legte an und schoss, sie schauten sich nur an, und dann ging Opa weiter. Hätte ihn jemand dabei beobachtet, wäre er hingerichtet worden.

Beide, der Russe und er, hatten in diesem Augenblick eine Entscheidung zu treffen: Was wollten sie sehen? Einen Feind, einen unberechenbaren Fremden? Oder einen Menschen, jemanden, der Eltern hatte, Geschwister, eine Frau und ein Kind?

Sie entschieden sich, den Menschen zu sehen, und verschonten das Leben ihres Gegenübers. Damals war meine Mutter noch nicht geboren. Hätten sie aufeinander geschossen und mein Großvater wäre gestorben, hätte es mich nie gegeben.

Welche Entscheidungen treffe ich, die Auswirkungen auf das Leben meiner Kinder haben? Es geht ja nicht nur um Existenz oder Nicht-Existenz. Es geht auch darum, ob ich als Vater etwas tauge.

Ich ziehe mich oft in mein Arbeitszimmer zurück. Am Sonntag freue ich mich schon auf den Montag, weil es im Arbeitszimmer so schön ruhig ist. Was sehen die Kinder, wenn sie mich beobachten? Sie ahmen alles nach. Vermutlich denken sie, dass Arbeit ein hoher Wert ist, weil ich mich oft verabschiede und sage: „Ich muss arbeiten." Später werden sie Väter sein, die es ähnlich machen. Sollte ich nicht häufiger mit ihnen spielen, sie liebkosen, ihnen Bilderbücher vorlesen?

Vater zu sein, legt in mir den Beschützerinstinkt frei. Das ist gut. Aber dieser Sturm, der da über mich hinwegfegt, offenbart nicht nur Gutes, er bringt auch bleiche Knochen zum Vorschein. Ich bin fürsorglich, solange es mir gut geht. Bin ich erschöpft, zeigt sich der Egoist in mir.

Ich flüchte und lasse Lena mit der kräftezehrenden Familiensituation allein. Die Flucht ins Arbeitszimmer ist nicht alles. Ich verreise zu Lesungen, über sechzig Veranstaltungen sage ich zu, steige in die Bahn und bin weit weg, während es zu Hause drunter und drüber geht. Ich genieße die Freiheit, im Zug zu schreiben oder zu lesen oder am Computer zu spielen, während Lena zu Hause wickelt, füttert, wäscht und ins Bett bringt. Ich sage mir, dass die Lesungen den Verkauf meiner Bücher ankurbeln.

Die Flucht tut mir gut. Ich sehe andere Städte, atme die Luft am Meer oder in meiner Heimatstadt Berlin. Ich schlafe in Hotelzimmern. Trage mein Buch in viele Säle und lese daraus vor.

Sobald ich heimkehre, sehe ich, dass meine Flucht Lena etwas gekostet hat. Und die Kinder fallen mir um den Hals, auch sie haben mich vermisst. Soll das ihr Vaterbild sein, das sie erlernen und übernehmen?

Ich möchte, dass Felix und Jona einmal rücksichtsvolle, achtsame Männer werden. Ich stelle mir vor, dass sie Humor haben, dass sie zärtlich zu ihren Frauen sind, gütig sind, visionär, dass sie Gottvertrauen haben.

Solange die Jungs so klein sind, möchte ich öfter zu Hause sein. Ich verspreche Lena, die Anzahl der Lesungen um die Hälfte zu kürzen. Dreißig, mehr werden es nächstes Jahr nicht sein. Sie freut sich und ist erleichtert.

Was lernen sie noch von Lena und mir, die Jungs? Schaffen wir es, ihnen Ordnung beizubringen? Bisher nicht. Lena hat mit den Kindern Kastanien gesammelt, eine ganze Kiste voll. Seit die Kiste im Wohnzimmer steht – zum Spielen mit Pappröhren, in denen wir mal Landkarten bestellt haben, die jetzt bei uns im Flur hängen, eine Weltkarte und eine Deutschlandkarte, ich schaue selbst ständig darauf –, verteilen sich die Kastanien im Haus. Die Kinder tragen sie überall hin. In den Schuhen stecken Kastanien, auf der Treppe liegen sie, in jedem Zimmer. Eine Kastanienplage.

Ich sammle sie regelmäßig ein, aber am nächsten Tag beginnen sie ihre Wanderschaft von Neuem. Ich weiß, für die Erziehung wäre es besser, die Kinder dazu zu bewegen, dass sie die Kastanien einsammeln. Aber dafür müsste ich mit ihnen an der Hand durch die Wohnung gehen und sie bei jeder einzelnen Kastanie dazu bewegen, sie aufzuheben und in die Kiste zu legen. Dafür fehlt mir die Kraft. Lieber gehe ich selbst, mit dem schlechten Gefühl, langfristig gesehen einen Fehler zu machen.

Selbst meine Geräuschempfindlichkeit hat Jona schon übernommen. Wir sehen uns einen Kindergarten an, wo es viele Tiere gibt, die Kinder verleben ihren Tag inmitten von Hühnern, Ponys und Ziegen. Als wir Jona fragen, ob er wieder dort hingehen möchte, lehnt er ab. Der Hahn sei ihm zu laut. Er hat ausgerechnet in dem Moment gekräht, als Jona neben ihm stand. Wir vertagen das Thema „Kindergarten" um ein Jahr. Aber auch leise Geräusche stören Jona. Er erklärt mir: „Oma-Opa Heizung: Schschschsch. Mag nicht!" Ihm scheint also die Heizung zu laut zu rauschen, wenn er mal drüben bei den Großeltern schläft. Ein Problem, das mir vertraut ist. Oft ist das Übernachten in Hotelzimmern gar nicht so erholsam wie erhofft. Wenn früh am Morgen die Zimmernachbarn duschen oder husten oder reden, bin ich wach.

Ich gebe Jona eine leere Verpackung und bitte ihn, sie in den Gelben Sack im Küchenschrank unter dem Waschbecken zu stecken. Später schälen wir eine Apfelsine und Jona wirft die Schalen in den Mülleimer. Dazu sagt er: „Apfelsine weißer Sack." Immerhin das Mülltrennen habe ich ihm schon mal beigebracht. Das ist doch ein Anfang.

Jona sagt jeden Tag neue Wörter, auf dem Weg zum Supermarkt zählt er mit ernstem Gesicht auf, was er alles haben will: Eis, Pommes, Kiwi, Tomaten, eine Brezelstange.

Dann ist eine syrische Flüchtlingsfamilie mit vier Kindern bei uns zu Besuch. Die Kinder sprechen gut Deutsch. Als wir mit der Familie durchs Haus gehen, zeigt Jona ihnen alles. Im Wohnzimmer: „Der Fernseher. Der Laufstall, Felix rein, nicht krabbelt. Das Sofa. DVDs." In der Küche: „Der Kühlschrank." Er behandelt die Gäste, als hätten sie noch nie ein Haus von innen gesehen, als wären es Außerirdische, die gerade erst auf der Erde gelandet sind. Dabei hat er einen lehrerhaften Tonfall drauf, was bei ihm, diesem winzigen Kerl, komödiantisch wirkt. Im Bad, voller Stolz und im selben Tonfall, wie er all die anderen, für ihn wichtigen Dinge vorgestellt hat, zeigt er auf die weiße Rolle neben der Toilette und sagt belehrend: „Klopapier." Wir lachen alle, auch die syrischen Eltern.

Zärtlich kleine Punkte zeichnen

Geräusche, die man nicht hören kann: das Aufgehen der Sonne. Den Tau, der auf das Gras fällt. Einen Regenwurm, der sich durch die Erde gräbt. Einen Apfel, der reift. Eine Spinne, die ihr Netz webt.

Andere Geräusche sind zu hören, aber sehr zart. Wenn ich in der Badewanne liege und der Schaum sich Blase für Blase auflöst. Oder wenn ich ihn mir mit sanften Bewegungen über die Brust schwappen lasse. Das Schnurren einer Katze. Das Führen eines Stiftes über Papier.

Jona malt zwei Striche, dann sieht er mich zweifelnd an und fragt: „Was ist das?"

Ich überlege kurz und sage: „Das könnte ein Ast sein. Von einem Baum."

Da zeichnet er zärtlich kleine Punkte an die Striche und sagt: „Die Blatts."

Ich wusste gar nicht, dass er das Wort kennt. Es gefällt mir, mit welcher Sorgfalt er die Natur wahrnimmt.

Später telefoniert er mit seinem Großvater, der an der Nordseeküste lebt. Er benennt alles, was er sieht – „Kiwi", „Banane", „Stuhl" – und hält das Telefon mit dem Display in die Richtung des Gegenstands, als könnte mein Vater ihn so sehen, wie durch ein verlängertes Auge.

Ich bin zu Lesungen unterwegs. Ich glaube, dass ich das kann: den Leuten etwas vorzulesen und ihnen spannende Anekdoten über den Hintergrund des Buchs zu erzählen. Hinterher kommen sie oft mit strahlenden Gesichtern zu mir, das gibt mir das Gefühl, zur richtigen Zeit am richtigen Ort gewesen zu sein und genau das zu tun, wofür ich gemacht worden bin.

Spätestens am dritten Tag aber fange ich an, die Familie zu vermissen. Ich weiß nicht mehr, wie es ihnen geht. WhatsApp ist da keine Lösung, ich möchte dabei sein, möchte miterleben, was Lena mir sonst nur knapp berichtet.

Manchmal bringe ich von den Lesungen etwas mit nach Hause, meist Sachen, die mir die Veranstalter geschenkt haben: Marmelade, Honig, ein Kinderbuch für die Jungs. Ich versuche, mich damit beliebt zu machen.

Das erinnert mich an ein Erlebnis vor zwei Jahren, als wir noch in München im Gartenhäuschen eines berühmten Biologen wohnten. Wir hörten lautes Brummen im Garten. Ein Bienenschwarm sammelte sich an der Blaufichte auf dem Nachbargrundstück. Er stammte aus dem Kasten unseres Vermieters, wo die Bienen ihre alte Königin und die älteren Bienen rausgeworfen hatten und nun ein neues Volk gründeten. Für die ältere Generation bedeutete das, dass sie sich ein neues Zuhause suchen mussten. Sie fingen an, in der Fichte ein Nest zu bauen.

Wenige Tage später gab es wieder ein Summen und Brummen und Fliegen – die Bienen kehrten in den Kasten zurück.

Offenbar war die alte Königin beim Wegschwärmen gestorben. „Lassen die Jungen sie wieder rein?", fragte ich unseren Vermieter. „Die Ausgeschwärmten haben doch einen neuen Geruch angenommen!"

Er erklärte: „Die Bienen haben sich vor dem Rauswurf den Bauch mit Honig vollgeschlagen, damit sie für die Suche nach einem neuen Heim Reserven haben. Den Honig bieten sie jetzt auf der ausgestreckten Zunge den Wächtern an, und zwar während sie im Einflugloch landen. Die Wächter schlecken das Geschenk gerne ab, und währenddessen reiben sich die Bienen am Wächter und nehmen seinen Duft an. So kommen sie wieder rein."

Genau das versuche ich auch. Ich biete die mitgebrachten Geschenke dar, nehme den Familienduft an und schlüpfe wieder hinein ins Alltagsleben mit den Jungs und meiner Frau.

Felix läuft! Er steht da, ohne sich abzustützen, vor allem, wenn er etwas in der Hand hält und dadurch abgelenkt ist und vergisst, dass er ja umfallen könnte. Mutig macht er auch schon erste Schritte, zwei, drei, bis er sich wieder auf den Po plumpsen lässt. Unser großer Kleiner!

Loben wir ihn allzu sehr, wird Jona eifersüchtig, geht hin und schubst ihn um. Wir schimpfen mit Jona, aber er sieht es nicht ein: Wieso soll Felix das ganze Lob abbekommen? Jona sagt trotzig: „Ich kann schon laufen!"

Auch in der Badewanne stößt Jona Felix um und das Wasser schlägt über dem Kleinen zusammen. Ich ziehe ihn wieder heraus, sein Körper glänzt vor Wasser, und er weint erschrocken und sieht aus wie ein begossener Pudel, weil ihm die Haare am Kopf kleben. Das muss Folgen haben für Jona, er muss sich merken, dass er mit seinem kleinen Bruder so nicht umgehen darf. Ich schimpfe und lege als Strafe fest, dass er heute Abend nicht den kleinen Maulwurf gucken darf.

Eilig sagt er: „Jetzt bin ich wieder lieb."

„Zu spät."

Er sieht verwirrt zum Fenster. „Ist nicht spät, ist hell draußen!"

Die Freiheit, vom Leben alles zu erwarten

Jona erklärt mir mit leuchtenden Augen: „Wenn ich größer bin, dann kann ich auch arbeiten." Ich fürchte, diese Begeisterung wird während der Pubertät etwas nachlassen. Aber vielleicht kehrt die gute Einstellung später wieder zurück?

Er hat mich bei der Arbeit beobachtet. Sie besteht seiner Vorstellung nach darin, dass ich den ganzen Tag am Computer abhänge. Oder mit dem Zug zu einer Lesung fahre. Beides ist für ihn höchst attraktiv.

Und es ist ein Traumjob, das will ich gar nicht bestreiten. Ich bin jeden Tag glücklich, dass ich damit unseren Lebensunterhalt bestreiten kann: eigenständiges, freies Arbeiten ohne Chef, Recherchieren von Dingen, die mich selbst interessieren, und dann eine spannende Geschichte zu erzählen.

Jonas „Arbeit" besteht momentan darin, noch besser sprechen zu lernen. Warum heißt es „ein Schuh" und „zwei Schuhe", aber „ein Rad" und „zwei Räder"?

Wir besuchen die befreundete syrische Flüchtlingsfamilie, die inzwischen nach Essen gezogen ist. Damit wir die weite Strecke mit den Kindern gut überstehen, habe ich ein Abteil im Nachtzug gebucht. Nach einer aufregenden Nacht sieht Jona am Morgen aus dem Zugfenster und ruft begeistert: „Dampflocken!"

Wenn Waggons angehängt werden, sagt er, sie werden „angekumpelt". Recht hat er, das Wort passt viel besser als

„angekuppelt". Wie sich Kumpel unterhaken, so hängen sich auch die Waggons aneinander.

Dann wieder sagt er, er wolle Müsli mit Flecken essen. Was sieht für ihn nach Flecken aus? Die Rosinen? Verwirrt frage ich: „Mit Flocken?" Ja, mit Flocken, bestätigt er.

Ein paar Tage später ruft er stolz: „Ich werde drei im August!"

„Dann bist du schon so groß", sage ich.

„Ja!", ruft er noch lauter und voller Begeisterung. „Dann kann ich Tischdecke spielen!"

Er meint wohl: Tischtennis. Hugo aus der Kirchengemeinde hat ihm einen Tischtennisball geschenkt, und auf dem Spielplatz haben wir Jugendliche Tischtennis spielen gesehen. Jona wollte mitmachen, aber ich habe ihm gesagt, dass er dafür noch ein bisschen größer werden muss.

In seiner Vorstellung ist alles möglich. Einfach alles! Um dieses barrierelose Denken beneide ich ihn, den kleinen Knirps, der kaum an die Tischtennisplatte heranreicht. Ich beneide ihn um die Freiheit, vom Leben alles zu erwarten.

Er sieht sich ein Bilderbuch mit Dinosauriern an und sagt plötzlich: „Ich möchte mal auf einem Dino reiten. Da drauf, auf dem Rücken. Und du sollst auch auf einem Dino reiten, und Mama und Felix." Ich muss ihn vertrösten.

Bei anderer Gelegenheit bestaunt er die weißen Wolken am Himmel und sagt: „Die Wolken sind schön. Ich nehme mir eine Leiter und spiele da oben."

Felix liebt es, wenn wir singen. Er wippt dann in den Knien auf und ab, als würde er gleich tanzen. Neuerdings macht er, wenn ich singe, einen lauten Ton: „Baaah!" Jona findet das zum Totlachen. Er sagt wieder und wieder: „Felitz macht: Baaah!"

Felix kann einen so herrlich angrinsen, sofort hat man gute Laune. Wenn ich ihn intensiv anschaue, tapst er weg und juchzt, weil er hofft, dass ich ihm folge und ihn fange.

Er hat Schauspieltalent, es drängt ihn auf die Bühne. Er beißt zum Beispiel in Lenas Stiefel und trägt ihn mit dem Mund zu uns, und dann promeniert er damit und will, dass wir lachen. Als Nächstes nimmt er seine kleinen Schuhe zwischen die Zähne und trägt sie herum. Jona fordert ihn manchmal auf: „Machen wir was Lustiges?" Und Felix liebt es. Leider albern sie besonders gern herum, wenn wir gerade essen, was eine große Sauerei verursacht.

Gerade habe ich die unbegrenzte Vorstellungskraft der Kinder bestaunt, da stelle ich fest, dass ein erster Hauch von Realismus bei ihnen erwacht. Wobei ich an dieser Stelle mehr Glauben und Fantasie aufbringe als sie. Ich singe vor dem Schlafengehen für Jona im Bett *Er hält die ganze Welt* und darin die Zeile *Er hält auch Sonne und Mond*.

Entrüstet sagt Jona: „Aber die Sonne kann man nicht in der Hand halten!"

Er hält auch Schienen und Straßen.

Jona protestiert: „Aber die Schienen kann man nicht halten. Da fährt doch der Zug!"

Nach vielen, vielen Gutenachtgeschichten fängt Jona jetzt selbst an, Geschichten zu erzählen. Wie das geht, weiß er schon. Er fordert: „Eine Geschichte erzählen!"

„Welche möchtest du denn hören?", frage ich.

„Die vom Schlafsack."

„Ich kenne keine Geschichte vom Schlafsack."

„Doch. Die geht so: Es war einmal ein Schlafsack, der lag im Bett, aber das wollte er nicht! Er wollte lieber spielen. So geht die."

Sein Lieblingssong ist derzeit „Jam" von Michael Jackson. „Malte Schäcksn", spricht er den Namen aus.

Zu einem Pärchen auf einem Puzzle sagt er: „Der König und die Königin." Die kennt er von einem Fingerspiel in der Eltern-Kind-Gruppe. Er spricht es „Der Könik und die Königin" aus. Wir leben in Bayern, von den Großeltern hört er bayerisch, meine Frau wechselt zwischen Bayerisch und Hochdeutsch, und ich bleibe stur beim Hochdeutschen, auch wenn ich jetzt schon neun Jahre in Bayern lebe.

Ich wiederhole unbewusst auf Hochdeutsch, was er gesagt hat: „Der Könich und die Königin."

Jetzt spricht er mir nach, wandelt aber auch die weibliche Form um: „Der Könich und die Könichin."

Puh. Wie soll man ihm das beibringen?

Vom Wort „Rasenmäher" schlussfolgert er das Verb „mä-hern". Er sagt: „Mama mähert den Rasen."

Und es ist tatsächlich Lena, die das tut. Ich habe mein Leben lang in Großstädten gewohnt. Leipzig, Magdeburg, Berlin, München. Na gut, ein paar Jahre in Hardegsen bei Göttingen, aber dort hatte meine Mietwohnung keinen Garten, sondern nur einen gepflasterten Parkplatz vor dem Haus.

Jetzt haben wir das Haus von Lenas verstorbener Großmutter gekauft und sind aufs Land gezogen. Drumherum gibt es ein bisschen Wiese, ein paar Brombeerbüsche, Erdbeeren und Rosenstöcke. Im ersten Frühling habe ich den Rasenmäher aus der Garage geholt und stolz den Rasen gemäht, zum zweiten Mal in meinem Leben überhaupt. Das erste Mal war in Amerika gewesen, bei meinem Bruder, der als Doktorand einem Ärzteehepaar den Rasen mähte, um sich etwas dazuzuverdienen. Allerdings war ich so unerfahren, dass ich meine guten Turnschuhe aus Veloursleder trug. Hinterher waren sie grün.

Die Lektion sitzt tief. Deshalb ziehe ich diesmal alte Schuhe an. Rasenmähen ist keine schöne Arbeit. Immer wieder muss man das abgemähte Gras in einen Bottich entleeren und dann ständig aufpassen, dass man nicht mit dem Rasenmäher über das Stromkabel fährt.

Ich gebe zu, ich habe kein Faible für körperliche Arbeit. Bevor wir das Haus gekauft haben, hat Lenas Vater es grundsaniert, und ich bin ihm zur Hand gegangen, so oft es ging. Er ist von Beruf Schreiner und weiß genau, was er tut. Glücklicherweise hat er viel Humor, denn ich habe mich nicht besonders geschickt angestellt. Den Hilti-Presslufthammer auf Brusthöhe zu halten und im Bad die Fliesen von der Wand zu stemmen, gelang mir auch nicht lange. Lena hat einen Tag mitgemacht, bis uns klar wurde, dass Jona in ihrem Bauch dem Lärm die ganze Zeit zuhören muss.

Jetzt aber ist das Haus wunderschön und wohnlich und ich habe nach dem Einzug stolz den Rasen gemäht und anschließend bei meinen Schwiegereltern geprahlt: „Für dieses Jahr hab ich's geschafft."

Sie sahen mich ungläubig an.

„Den Rasen, meine ich." Mir schwante Übles. Musste man das etwa mehrmals im Jahr …?

„Das machst du ab jetzt jede Woche", offenbarten sie mir.

Seitdem ist Lena bei uns für den Garten zuständig.

Manchmal ist eine einzelne Erinnerung kostbarer als ein ganzes Bündel davon. Würde man den gesamten Urlaub mitfilmen, was wäre gewonnen? Niemand setzt sich zu Hause hin und schaut sich 100 Stunden Urlaubsfilm an. Genauso ist es mit Fotos. Wer 2 000 Urlaubsfotos hat, empfindet sie bald als Last. Beim Ansehen wird man fahrig und zerstreut. Ein einzelnes Foto aber – was kann es bedeuten! Wir betrachten es lange, sehen auf die

Details, finden sogar Dinge, die wir im Urlaub gar nicht bemerkt hatten. Das Foto weckt Empfindungen in uns.

Früher kostete jedes Foto Geld. Man musste den Film kaufen und die Entwicklung bezahlen. Deshalb dachte man gründlich nach, bevor man den Auslöser betätigte. Heute filmen wir mit dem Handy, wir fotografieren kostenfrei, es kommt nicht darauf an, ob wir 100 Bilder oder 1 000 machen. Aber womöglich behindern sie das Erinnern, wo ein einzelnes Bild es geweckt hätte.

Ein bezauberndes Erlebnis, an das ich noch als alter Mann denken werde und bei dem mir schwindelig wird vor Glück, ist die erste Nacht, in der die Jungs gemeinsam in einem Zimmer schlafen. Beide jammern abends und lassen sich durch nichts trösten. Als wir sie zu zweit in ein Bett legen, ist es sofort still. Wir schauen nach und merken: Sie sind bereits eingeschlafen.

Dieser Anblick der schlafenden Kinder, die darin Frieden gefunden haben, einander als Brüder zu haben! Lena und ich stehen lange in der Tür und betrachten sie, und wir wissen: Diese zwei sind uns nur anvertraut, sie gehören uns nicht.

Wenige Tage später ist aus dem Luxus („Ausnahmsweise dürft ihr in einem Zimmer schlafen") Gewohnheit geworden und erste Kritik wird laut. Jona stört sich daran, dass Felix immer schmusen möchte. Ich schiebe Felix ein Stück weiter weg, damit Jona in Ruhe schlafen kann, und kann es selbst beobachten: Im Halbschlaf, mit kaum geöffneten Augen, schiebt sich Felix mit dem Kopf an Jonas Brust heran. Der Einjährige sucht Schutz und

Wärme beim Dreijährigen. Ich finde das niedlich. Jona sieht es natürlich mit anderen Augen. Also nehme ich Felix hoch und bringe ihn in sein Bettchen. Dort schläft er friedlich weiter und Jona hat die gewünschte Ruhe.

Nicht die Pflanze ärgern

Ich sitze im Zug und beobachte, wie die Regentropfen an der Scheibe herunterlaufen. Als Kind habe ich das oft bestaunt. Sie nehmen unterwegs weitere Tröpfchen auf, die an der Scheibe hängen, schlucken sie und vergrößern sich, werden schneller. Hinter sich ziehen sie eine Wasserspur her wie einen Kometenschweif. Vereinzelt gibt es Wasserautobahnen, kleine Bäche an der Scheibe, die sich wellenartig verdicken. Trifft ein Tropfen auf eine solche Autobahn, verschmilzt er mit ihr und fährt wie ein Rennwagen die Scheibe hinunter. Es macht Spaß, dem Regen zuzusehen.

Eine der ersten Eisenbahnstrecken führte 1840 von München nach Augsburg. Die vierte Klasse besaß kein Dach. Was taten die Reisenden wohl bei einem Unwetter? Die dritte Klasse hatte gepolsterte Sitze, ein Dach und lederne Vorhänge gegen den Regen. In der zweiten Klasse war auch die Rückenlehne gepolstert. In der ersten gab es Glasfenster. Verrückt: Wir fahren heute mit der einfachsten Regionalbahn im Erste-Klasse-Komfort.

Damit wir den Zauber des Zugfahrens wieder bemerken, muss mitunter die Technik ausfallen. In meinem Großraumwagen im Eurocity von Ulm nach München fiel einmal plötzlich das Licht aus. Draußen: pechschwarze Nacht. Drinnen: Dunkelheit. Ich erwartete, dass Panik ausbrechen würde, aber die Leute saßen da und genossen das Besondere des Augenblicks und flüsterten miteinander (im Dunkeln redet man leiser), während der Zug durch die Nacht rauschte. Wir konnten die Sterne sehen und die Lichter der verstreut in der Landschaft liegenden Häuser. Es war fabelhaft! Eine Frau musste zur Toilette, der Schaffner leuchtete ihr mit der Taschenlampe. Von mir aus hätte die ganze Fahrt so weitergehen können. Leider sprang nach einigen Minuten die batteriebetriebene Notbeleuchtung an.

Jona ist fasziniert vom Scrabble-Spiel meiner Eltern. Wir wollen es ihm wegnehmen und sagen ihm, es sei ein Spiel für Erwachsene. Aber er zieht die Buchstaben heraus, stellt sie auf den Sammelständer und liest sie mir vor.

Gibt es das Verb „wenzen"? Jona benutzt es neuerdings dauernd, es gefällt ihm, er hat Freude daran. Meine Vermutung ist, dass er damit Worte ersetzt, die er nicht kennt. Zum Geburtstag letzte Woche hat er eine Murmelbahn geschenkt bekommen, ein tolles Ding, jeden Tag bauen wir sie anders auf. Und Felix wirft sie dann wieder um, was für Geschrei und Tränen sorgt.

Jona sagt: „Hast du gesehen, wie die Kugel da runtergewenzt ist?"

Auch Felix spricht mittlerweile. Mama, Papa, Auto („Aatu"), hallo, noch mal. Letzteres spricht er „mommai" aus, und das sagt er so niedlich auffordernd mit lang gezogenem „i", dass man nie widerstehen kann und alles wiederholt, was er sich wünscht. Er macht auch schon „mäh" beim Schaf und „miau" bei der Katze.

Und wenn man mit ihm scherzt, lacht er so herrlich, dass es einen von allen Sorgen befreit.

Jona fingert an einer Zimmerpflanze herum. Dann zieht er die Hände zurück und sagt wie zu sich selbst: „Nicht die Pflanze ärgern. Die Pflanze will ihre Ruhe haben."

Einige Tage später beim Frühstück – Jona hat gerade seine erste Kindergartenwoche hinter sich – will er wissen, ob er morgen in den Kindergarten geht. Ich erkläre ihm, dass er am Wochenende nicht dorthin muss, heute nicht und morgen auch nicht. Ich frage ihn: „Bist du traurig?"

Er verneint. Dann guckt er Lena an und fragt: „Bist du traurig, Mama?" Sie sagt Nein. Er wendet sich an mich: „Bist du traurig, Papa?" Ich verneine ebenfalls und erkläre, dass wir alle nicht traurig sind. „Und Felix?", fragt er und gibt sich selbst die Antwort: „Ist auch nicht traurig."

Felix spielt stundenlang, vertieft in Gespräche mit den Kuscheltieren oder in das Aneinanderkoppeln von bunten Eisenbahnwaggons. Wenn man ihm sagt, er soll jemandem Tschüss sagen, winkt er niedlich und sagt: „Tete!"

Jona erklärt mir: „Gott hat die Murmelbahn gebracht. Gott hat goldene Hände und damit hat er die Murmelbahn gebracht. Gott ist ganz lieb."

Wir gehen spazieren und kommen an der katholischen Kirche vorbei, an deren Außenwand ein Kreuz hängt, daran Jesus.

Jona sieht so etwas zum ersten Mal. Er sagt: „Der muss vorsichtig sein, der Mann da."

Er hält ihn wohl für einen Kletterer. Ich will ihm noch nichts davon sagen, dass er mit Nägeln am Kreuz festgeschlagen ist, und erkläre bloß: „Das ist Jesus. Wir haben dir doch schon von ihm erzählt."

Er sieht noch mal hin und sagt ruhig: „Jesus muss vorsichtig sein, es geht weit runter da."

Selbstzweifel

In einer Studie über die mathematischen Fähigkeiten von Schülern in acht Ländern schnitten die US-Amerikaner am schlechtesten ab, die Koreaner am besten. Bevor die Ergebnisse bekannt gegeben wurden, fragten die Forscher die Kinder, wie sie ihr eigenes mathematisches Können einschätzten. Hier war es umgekehrt: Die Amerikaner standen nach ihrem Empfinden an erster Stelle, während die Koreaner von allen Ländern am meisten an ihren Fähigkeiten zweifelten.

Eine Freundin von Lena sagte, sie habe seit Tagen das Gefühl gehabt, schwerer geworden zu sein, mindestens drei Kilo, und habe aus Angst vor dem schrecklichen Ergebnis die Waage gemieden. Dann habe sie heute endlich allen Mut zusammengenommen und sich gewogen. Sie war nicht drei Kilo schwerer, sondern drei Kilo leichter! Wie falsch wir uns manchmal selbst einschätzen.

Wir üben mit Jona das Zur-Toilette-Gehen. Er macht es prima und braucht tagsüber keine Windel mehr. Heute aber macht er in die Hose und sagt nicht einmal Bescheid. Kurz nachdem wir ihn umgezogen haben, passiert es erneut. Ich schimpfe entnervt mit ihm. Er soll doch Bescheid sagen, wenn er auf die Toilette muss!

Er sagt kleinlaut: „Die anderen Kinder können Bescheid sagen. Ich kann das nicht."

Sofort tut es mir leid. Ich will keine Selbstzweifel in ihn säen. Und dann bin ich noch mehr beschämt, als ich begreife, dass er leichten Durchfall hat. Er kann es heute gar nicht steuern. Lena und ich sagen ihm beim Abendbrottisch, wie lieb wir ihn haben und dass es nicht schlimm ist, dass er heute in die Hose gemacht hat.

Das bedeutet ihm viel, scheint mir. Er wiederholt leise zu sich selbst: „Mama hat mich lieb, auch wenn ich in die Hose mache."

Selbstzweifel, wie gut ich sie kenne! Ich schweige und starre wütend vor mich hin. Lena fragt mich, was los ist, und ich erkläre ihr, dass aus dem aktuellen Romanprojekt nichts werden wird, niemals, und dass ich eigentlich gar nicht schreiben kann. Ich weiß genau: Jetzt ist es zu Ende mit dem Autorenberuf. Die ganze Zeit habe ich mich durchgemogelt und so getan, als könne ich Geschichten erzählen, aber damit ist nun Schluss. Ich werde mir einen anderen Job suchen müssen.

Lena bleibt unbekümmert. „Das sagst du bei jedem Roman."

Verblüfft schaue ich auf. Ich kann mich nicht daran erinnern. „Wirklich?", frage ich.

„Ja, wirklich." Sie erinnert mich an die Tage, an denen ich *Nachtauge* am liebsten hinschmeißen wollte, und daran, dass ich einmal dachte, aus *Der Tag X* würde nie etwas werden.

Also ist das ganz normal bei mir? Damals habe ich's auch geschafft. Nachdem die schwierige Phase überwunden war, hat es sogar wieder Spaß gemacht, das Schreiben, und ich mag die Bücher jetzt sehr. *Nachtauge* wurde im Fernsehen und im Radio gelobt, die WAZ und etliche andere Zeitungen brachten positive Rezensionen. Und *Der Tag X* ist inzwischen mein Lieblingsroman. Wieso war der Weg dahin so schwer?

Geht es den richtigen Autoren nicht anders?, frage ich mich. Fließen die Geschichten nicht aus ihnen heraus und sie tippen fröhlich Seite um Seite? So lesen sich ihre Bücher jedenfalls. Ich stelle mir vor, wie sich ein guter Autor morgens an den Schreibtisch setzt, die Finger lockert, und dann geht es los. Er tippt vergnügt los, holt sich zwischendurch einen Kaffee, tippt weiter, und am Ende des Tages hat er zehn bis zwanzig fabelhafte Seiten geschrieben, die nur noch minimaler Korrekturen bedürfen.

Erleichtert erfahre ich, was Michael Chabon in einem Interview über seine Arbeit an *Die unglaublichen Abenteuer von Kavalier und Clay* erzählt, dem Roman, der ihm den Pulitzerpreis einbrachte: „Ich bin durch einige sehr schwierige Phasen gegangen, in denen ich das Gefühl hatte, die Richtung verloren zu haben. Ich wusste wirklich nicht, was ich sagen wollte (…) oder warum ich überhaupt in einer Million Jahre auf den Gedanken gekommen bin, ich könnte in der Lage sein, so ein Buch zu schreiben.“

Aber das ist ja anspruchsvolle Literatur, wendet meine schlechte Laune ein. Ich schreibe Unterhaltungsromane. Den Autoren, die Unterhaltungsromane schreiben, geht die Arbeit sicher ohne größere Mühe von der Hand.

Rebecca Gablé, deren Bücher ich schätze, mailt mir: „Die meisten Arbeitstage beginnen damit, dass ich um den Schreibtisch herumschleiche und zuerst andere Dinge tue, weil mir davor graut, mit dem Schreiben anzufangen. Wenn ich dann aber einmal dabei bin, ändert sich meine Stimmung meistens recht schnell, und ich habe Spaß am Schreiben. Trotzdem wiederholt sich die quälende Einstiegsphase am nächsten Tag."

Das kenne ich. Zuerst rufe ich E-Mails ab, lese sie aber nur. Zum Beantworten habe ich schließlich keine Zeit, ich muss ja schreiben. Dann lese ich die Branchenmeldungen auf Buchmarkt.de, anschließend schaue ich bei Buchreport.de vorbei. Und könnte nicht eine weitere Mail gekommen sein? Wie verkauft sich eigentlich mein Hörbuch? Und sind die neuen Verlagsvorschauen schon online? Dieses Herumsurfen fühlt sich wie Arbeit an – schließlich hat es irgendwie mit der Bücherwelt zu tun. Aber es ist leider gänzlich unproduktiv.

Die Wahrheit ist: Ein Autor muss seinen Schreibtisch einer Menge anderer Dinge vorziehen. Und die Sache ist es wert! Ich bin am Abend nach einem anstrengenden Schreibtag ausgelaugt, als wäre ich einen Marathon gelaufen. Und glücklich bin ich auch.

Felix bezieht sein Glück aus anderer Quelle. Er sitzt im Auto und sagt plötzlich: „Opa." Dann strahlt er, weil er das Wort sagen kann. Was für ein Durchbruch! Verstanden hat er es schon lange, aber jetzt endlich sagen zu können, an wen er denkt, sich mitteilen zu können, das muss sich für ihn anfühlen wie eine Befreiung. Ich sage: „Opa und Oma", und er lacht und gluckst und sagt wieder: „Opa."

In den nächsten Tagen lernt er mit Siebenmeilenstiefeln neue Worte. Ball, ausziehen, essen, Mama und Oma. Besonders der Name seines Bruders, der sein großes Vorbild ist und den er in allem nachzuahmen versucht, klingt süß aus seinem Mund.

Beim Mittagessen zeigt er auf den Blumenkohl auf seinem Teller und macht: „Määäh!" Er hat recht. Das sieht nach einem Schaf aus. Die frappierende Ähnlichkeit von Blumenkohl und Schafwolle ist mir bisher nie aufgefallen.

Jona fragt mich: „Und was kommt nach der zehn?" Die Elf, sage ich. „Und nach der Elf?" Die Zwölf. „Und nach der Zwölf?" Die Dreizehn.

Er lacht überlegen, als hätte ich etwas Dummes von mir gegeben. „Nein, da kommt doch die Eins!"

Ich muss kurz nachdenken. Dann geht mir auf, dass er die Zahlen von der Küchenuhr kennt. In seiner Welt kommt nach der Zwölf immer die Eins.

Älter werden

Jona deutet auf mein Gesicht und fragt: „Was hast du da?"

Ich bin irritiert. „Was meinst du?"

Er fährt mir mit seinem Kinderfinger zwischen den Augenbrauen sanft über die Stirn. „Das."

Entsetzt begreife ich: Er meint die Falte, die entstanden ist, weil ich beim angestrengten Nachdenken meine Stirn furche. Sieht man sie so deutlich? An dieser Falte erkennt man mein Alter.

Später sind wir draußen, er rast mit seinem Laufrad voraus, die Sonne strahlt, ich bin stolz auf meine zwei kleinen Jungs. Jona kehrt um, fährt zu mir und zeigt wieder auf die Falte und redet davon. Sie beschäftigt ihn. Er sagt selbstbewusst: „Wenn ich groß bin, habe ich auch so was."

Dieser Gedanke scheint ihm zu gefallen.

Ein paar Tage später schimpfe ich mit den Kindern, weil sie in der Küche ihre kleinen Löffel samt Müsli herumwerfen. Jona kontert: „Das hast du, weil du schon alt bist", und zeigt auf meine Stirnfalte, die sich auch beim Schimpfen vertieft.

Kürzlich habe ich zwei Schulkinder gesehen, die in ein Auto stiegen, und dachte: Dürfen die überhaupt schon Auto fahren? Zu meiner Verblüffung steuerten sie souverän aus der Parklücke und fuhren davon. Nicht sie waren zu jung, sondern ich werde alt. So alt bin ich, dass mir Achtzehnjährige wie Kinder vorkommen.

Ich weiß, „alt" ist relativ. Oliver W. Holmes, ein amerikanischer Arzt, hat das gut auf den Punkt gebracht: „Menschen hören nicht auf zu spielen, weil sie alt werden, sie werden alt, weil sie aufhören zu spielen."

Das sind die besten Mittel gegen das Sprödewerden: zu spielen und zu staunen. Das Spielen lehrt uns, nicht alles nach seiner Zweckmäßigkeit zu beurteilen. Das Staunen hält uns wach und erinnert uns an die Größe Gottes und die Schönheit dieser Welt.

Trotzdem leide ich unter dem Älterwerden. Meinem Freund Andreas Noga geht es ähnlich, und als Dichter kann er das gut auf den Punkt bringen.

Aufhören

Leben führt zum Tod.
Seit der Geburt verlieren wir

Zeit, sie rinnt aus uns heraus,
tropft durch die Verpackung,

Haut kann sie nicht halten.
Schließlich werden wir Hülle

und erfahren,
ob mehr in uns ist als ein Leben,

in dessen Körper
der Tod schlüpft.[1]

Ich bin für eine Lesung im Hotel Pilgrimhaus untergebracht.
Eine steile, schmale Treppe führt im Hotel nach oben, eine Treppe, der man die Jahrhunderte ansieht. Die Dame am Empfang
mustert meinen Koffer und entschuldigt sich dafür, dass ich ihn
die Treppe hochtragen muss. Es gebe keinen Aufzug.

Ich lächle breit und erkläre ihr, dass ich historische Orte liebe. Da verzichte ich gern mal auf den Fahrstuhl. Wie sich her-
ausstellt, ist es der älteste Gasthof Westfalens – seit 700 Jahren
übernachten hier Wanderer, Pilger und Reisende. Ich trage den
Koffer hoch, stehe im urigen Zimmer und denke: Wer hat wohl
in den vergangenen 700 Jahren hier genächtigt? Mittelalterliche
Kaufleute, ein fahrender Medicus, ein Graf? Der Ort lässt mich
hinter die betriebsame Kulisse des Alltags sehen, weil ich plötzlich begreife, dass ein ruhigerer Atem durch die Zeit weht als
mein kleiner, hektischer Säuglingsatem.

So fühle ich mich immer, wenn ich alte Bäume betrachte. Solche Bäume sind etwas Wunderbares. Sie waren vor mir da und
werden noch am selben Platz stehen, wenn ich nicht länger über
diese Erde gehe. Der Gedanke macht mich ruhig.

---

[1] Andreas Noga: Kurz & Gott. Asslar, adeo Verlag, 2015.

Die Wand bemalen

Offenbar muss jedes Kind einmal ausprobieren, wie es ist, mit einem Stift die Wand zu bemalen – und ob die Eltern wirklich so sehr schimpfen. Das sage ich mir, um mich zu beruhigen. Blöd nur, dass unsere Kinder sich für ihr Experiment unterschiedliche Räume ausgesucht haben. Jonas Wandgemälde finden wir im Wohnzimmer, Felix verziert ein paar Monate später die Küche. Hätten sie sich nicht denselben Raum aussuchen können? Dann hätten wir nur ein Zimmer renovieren müssen.

Ich habe im Internet nachgesehen, was andere Eltern da so machen. Der schönste Tipp riet, einen Bilderrahmen zu kaufen und ihn so aufzuhängen, dass die Kinderzeichnung aussieht, als habe man sie absichtlich an der Wand angebracht.

Aber wie groß sind denn deren Zweijährige? Zwei Meter? Unsere Jungs haben die Wand so weit unten bemalt, dass ein Bilderrahmen eigenartig aussehen würde.

Andererseits: Die Küche müssen wir sowieso streichen.

Wenn sich Ungeübte vorstellen, wie Kinder essen, vermuten sie wahrscheinlich nur mangelnde Koordinationsfähigkeit beim Beladen des Löffels und beim Zuführen zum Mund. Und natürlich wollen sich unsere stolzen kleinen Kerle nicht mehr dabei helfen lassen. Viel größeren Einfluss auf den Zustand der Wand hat allerdings das wilde Herumwedeln mit dem befüllten Löffel oder das Wegwerfen von Essensanteilen, die man nicht haben möchte. (Auf dem Teller darf nur etwas liegen, das ich auch essen will, kapiert?) Außerdem wären da noch das schwungvolle Ausziehen und Wegwerfen des Lätzchens, wenn sie satt sind, das Mit-dem-Löffel-ins-Essen-Patschen, weil es so schön klingt, und das schwungvolle Umstoßen von Trinkgefäßen.

Wir sind nach unserem Umzug Mitglieder einer neuen Kirchengemeinde geworden. Heute durfte ich zum ersten Mal dort die Predigt halten. Ich gehe am Ende des Gottesdienstes noch mal nach vorn und spreche den Segen. Da springt Jona mit auf die Bühne und umklammert mein Bein. Die hundert Versammelten lächeln. Ich lege ihm die Hand auf den Kopf, sehe weiter nach vorn und sage die vorbereiteten Worte. Er löst er sich von mir und verschwindet aus meinem Blick. Ich sehe nicht, was er tut, ich höre nur, dass Lachen aufbrandet. Als ich mich umwende, steht er hinter mir am Abendmahlstisch und isst das Brot vom silbernen Teller herunter. Mit einem spitzbübischen Grinsen läuft er, kauend, wieder von der Bühne.

Das Problem ist, dass die Kinder immer gerade dann erschöpft und quengelig sind, wenn auch wir Erwachsenen erschöpft und quengelig sind. Zum Beispiel nach einer langen Reise. Ich erinnere mich daran, wie ich Lena einmal anfuhr, als wir noch gar keine Kinder hatten: Wir besuchten meinen Bruder in Berlin, hatten einen weiten Weg von Bayern aus hinter uns gebracht, und ich schleppte unsere Koffer in den dritten Stock. Auf jeder Treppenflucht fragte mich Lena: „Sind die Koffer nicht zu schwer?"

Natürlich waren sie schwer! Aber ich wollte nicht dauernd gefragt werden. Irgendwann platzte mir der Kragen, und ich schrie sie an, sie solle mich das nicht ständig fragen.

Hätten wir keine anstrengende Reise hinter uns gehabt, wäre mir das nicht passiert.

Wenn wir jetzt unterwegs sind und uns eine Reise erschöpft, haben wir nicht mehr nur mit unserer eigenen Abgespanntheit zu kämpfen. Zwei junge Hüpfer gehören zur Familie, die ihre Launen noch schlechter im Griff haben als wir.

Und es gibt Erschöpfung ja nicht nur auf Reisen. Auch der Alltag hat seine Tücken. Früh am Morgen sind die Kinder fröhlich und fit. Ich bin es auch. Abends allerdings, wenn mir der Kopf brummt von der Arbeit am Schreibtisch, brummt ihnen genauso der Kopf vom Spielen und den Eindrücken des Tages, und die Augen brennen, und sie haben keine Lust, ins Bett zu gehen, und ich habe keine Lust, weinenden, strampelnden Kindern die Schlafanzüge anzuziehen.

Felix war krank. Sein Husten war so schlimm, er tat mir richtig leid. Nachts, als er nicht mehr schlafen konnte und mit erbarmungswürdiger Stimme nach uns rief, holten wir ihn zu uns ins Bett. Seitdem ruft er jede Nacht. Je mehr er sich von der Erkältung erholt, desto stärker wachsen meine Zweifel, ob unsere „Rettungsaktion" klug war.

Ich kann nicht schlafen, wenn Felix neben mir im Bett liegt. Er atmet zu laut. Schnaufen alle Kinder beim Schlafen so? Zudem legt er sich quer hin, sodass für Lena und mich kaum noch Platz bleibt. Wir müssen uns an den Betträndern dünn machen, während er wie ein König das Mittelfeld beherrscht.

Jetzt müssen wir ihm das „Rüberkommen" wieder abgewöhnen. Ich gehe zu ihm, wenn er nachts aufwacht, und versuche ihn zu trösten, aber er deutet mit ausgestrecktem Arm zur Tür und brüllt wütend. Ich hebe ihn aus dem Bett und gehe mit ihm zum Fenster, um ihm zu zeigen, wie dunkel es draußen ist. Ich rede beruhigend auf ihn ein. Er aber brüllt noch lauter und deutet unerbittlich auf die Tür. Am Ende, als ihn das Brüllen ermüdet hat, einigen wir uns auf eine Milchflasche, die ihn zumindest vorerst tröstet.

Ich würde mich ja gern an den Kindern freuen. Alle sagen: „Genieße diese Zeit! Es ist herrlich, wenn sie so klein sind!" Aber sie sind fortwährend krank, und wenn sie krank sind, jammern sie und sind dünnhäutig. Und auch wenn das medizinisch kaum einleuchtet, können sie sich zweimal hintereinander mit derselben Krankheit anstecken. Erst hat Felix Magen-Darm-Grippe und behält nicht mal Tee bei sich, dann hat es drei Tage später Jona erwischt, während Felix allmählich genest. Plötzlich hat es wieder Felix, als habe er sich erneut bei Jona angesteckt – oder bei Lena, die es inzwischen auch hat. Wir sind eine Krankenstation, ein Lazarett.

Seit wir die Kinder haben, hängen wir entweder über der Kloschüssel (Magen-Darm-Grippe), krächzen und husten (Bronchitis) oder Schlucken unter Schmerzen (Mandelentzündung). Die Kinder fangen sich bei ihren Spielkameraden etwas ein und bringen es mit nach Hause. Mit unserem erwachsenen Immunsystem wehren wir den Angriff mühelos ab. Aber über die nächsten Tage brüten die Kinder die Krankheit aus, sie vermehren die Viren und Bakterien, bis wir dem Ansturm ebenfalls erliegen.

Ich habe gelesen, dass es gut ist, wenn Kinder früh im Leben viel krank sind, weil das ihr Immunsystem trainiert und sie dadurch später in der Schule seltener fehlen. Das wurde sogar wissenschaftlich bewiesen. Was mit den Eltern ist, stand allerdings nicht im Artikel. Welchen Vorteil hat es, dass *wir* dauernd krank sind?

Ich bin erkältet und habe mit Lena vereinbart, dass sie heute mit den Kindern aufsteht und ich ausschlafen kann. Jona kommt ins Schlafzimmer und sagt: „Du musst mit mir aufstehen!"

Ich lasse ihn bei mir unter die Decke schlüpfen, er hat morgens immer kalte Füße, weil er erst durch das ganze Haus läuft und uns sucht. Ich wärme ihn und sage: „Heute steht Mama mit euch auf."

„Aber jemand muss mit mir spielen."

„Ich bin krank."

„Aber ich nicht!"

So sind Kinder. Sie sehen in erster Linie sich selbst. Darüber muss ich selbst mit Fieber lachen.

Ist mein heimlicher Vorsatz, niemandem zur Last zu fallen, nicht völlig übertrieben? Wenn ich im Verlag anrufe, um den Lektor oder die Pressereferentin etwas zu fragen, denke ich jedes Mal an die vielen anderen Autoren, die sie ebenfalls betreuen. Manches Telefonat lasse ich gleich bleiben, aus Sorge zu stören. Selbst in Freundschaften bin ich gehemmt, Wünsche zu äußern.

Ich bin, um es den Menschen um mich herum leicht zu machen, gut im Smalltalk und ein vergnügliches Gegenüber. Wenn es mir einmal schlecht geht, ziehe ich mich zurück, um niemanden damit zu belasten. Dabei sind doch Freundschaften dafür da, dass man sich gerade in solchen Situationen hilft!

Ich habe nicht das Gefühl, dass ich das Recht habe, jemanden mit Beschlag zu belegen. Den Beamten, die das Elterngeld für uns auf den Weg bringen, bin ich dankbar, als würden sie mir einen persönlichen Gefallen tun. Ich fühle mich, als stünde ich in der Schuld unseres Automechanikers, auch wenn ich ihn für seine Dienstleistung bezahle. Gibt man mir beim Friseur einen Termin, meine ich, ich müsste einen Blumenstrauß vorbeibringen. Es ist das Gefühl, mir stünde auf dieser Welt nichts zu, ich sei geduldet, bestenfalls.

Nach einer Lesung sage ich den Buchhändlern: „Danke, dass ich hier sein durfte", obwohl ich mich ihnen ja gar nicht aufgeschwatzt habe, sondern von ihnen eingeladen worden bin.

Sogar beim Beten denke ich: Gott hat doch ganz andere Sorgen, soll ich ihn jetzt wirklich mit meinem Kinderkram belästigen?

Dabei muss ich nur meine eigenen Empfindungen gegenüber Jona und Felix wahrnehmen, um das Wichtigste zu begreifen. Als ich die Kinder nach der Geburt im Arm hielt, habe ich sie sofort geliebt. Ich wusste jedes Mal: Für diesen kleinen Menschen würde ich alles geben. Dabei hatten sie nichts getan, um sich meine Liebe zu verdienen. Sie waren einfach nur da und ich liebte sie. Sie sollten auf keinen Fall frieren, nie Hunger haben. Wir versorgen sie mit Hingabe.

Ich freue mich über jede Sache, die meinen Jungs Freude macht. Die Tiere im Zoo. Ein Stück Apfelsine. Eine Geschichte, die ich ihnen erzähle. Mit ihnen im Flugzeug zu fliegen, im Meer zu baden. Ich will, dass sie sich entwickeln, dass sie wachsen, dass sie ein glückliches Leben haben.

Diese Liebe. Sie war vom ersten Moment an da.

Das Entzücken an den Dingen

Die Kinder haben sämtliche Wecker im Haus zerstört. Einer leuchtet die ganze Nacht, seit sie ihn am Wickel hatten. Das Licht ist jetzt im Dauermodus angeschaltet, wohl bis die Batterie leer ist. Und er geht falsch. Der andere geht richtig, aber das Licht ist dank der forschen Kinderhände kaputt, das heißt, dass man nachts, wenn die Kinder weinen, nicht gucken kann, wie spät es ist. Der dritte Wecker, ein Funkwecker, stellt sich neuerdings immer auf drei Uhr und lässt sich durch nichts davon abbringen, auch da habe ich die Kinder im Verdacht. Und der Kinderwecker steht still, seit Jona ihn gegen die Wand geschlagen hat. Ein schönes Sinnbild: Mit Kindern bleibt die Zeit stehen.

Dabei liebt Jona Uhren. Er will immer wissen, wie spät es ist, und liest auch schon recht gut die Uhrzeit ab. Lachen musste er, als er die kleinen Zahlen auf unserem runden Thermostat entdeckte, das an eine Uhr erinnert. Er prustete: „Da ist die sechs oben, na, so was!"

Wir spielen mit der Modelleisenbahn, ich bitte ihn, mir die Weiche zu geben. Er fragt: „Und wo ist die Harte?"

Es begeistert mich, wie die Kinder die Welt entdecken. Es friert draußen, bald wird der erste Schnee fallen. Die Kinder haben im Garten einen Lastwagen zum Spielen, der ihnen bis zur Hüfte reicht. Über Nacht ist die Pfütze auf der Ladefläche zu Eis gefroren. Jona nimmt das Eis heraus, er schleppt es zur Haustür und fragt mich, das durchsichtige, kalte Etwas in den Händen: „Papa, was ist das?"

„Eis", sage ich. „Das Regenwasser ist zu Eis gefroren."

Er will die Platte ablegen, aber sie zerbricht in mehrere Stücke. „Guck mal, Papa!", ruft er fasziniert.

Dieses Entzücken an den Dingen will ich von ihm lernen. In seinem Gedicht *Rosa Hortensie* staunt Rilke darüber, dass die Hortensien „für solches Rosa nichts verlangen". Und so ist es wirklich: Diese ganze Welt wird uns wie ein Geschenk dargeboten, ein Geschenk, das unsere Aufmerksamkeit verdient hat. Allein die Blumen! Es braucht nur einen winzigen Samen und etwas Erde. Wie entstehen aus Dreck diese Farben, wie entsteht dieser Duft? Der Schöpfer kann das. Die Blume kann's.

Damit will ich unsere Fähigkeiten nicht schmälern. Auch wir Menschen tun Bewundernswertes. Ich frage mich allerdings, wie das aus Gottes Perspektive aussieht. Was ist ein Computer, wenn Gott ihn betrachtet? Ist der Computer ein Spielzeug für ihn, eine Rassel oder ein Stock, ist er ein hübsches kleines Bastelwerk, auf das Gott stolz ist, wie ein Vater sein Kind bewundert, wenn es eine Papprolle mit Tonpapier beklebt?

Unser Körper besteht aus zehn Billionen Zellen, zehnmal mehr, als die Milchstraße Sterne hat. Und jede Zelle ist eine kleine Welt für sich, mit Fabriken, Kraftwerken, Pumpen, Transportkanälen, Vorratsbehältern, einer Schaltzentrale mit Bauplänen, einer Hauspost, einer Müllabfuhr. Wenn wir uns verletzen, schließt sich die Wunde von selbst und verheilt. Wir merken uns Gesichter, Namen, Erlebnisse, wir lernen Sprachen und eignen uns die Fähigkeit an, Geige zu spielen, wir können sogar Musik komponieren, Kunstwerke malen – das Erschaffen neuer Welten mit ein paar Gramm Farbe, wie bezaubernd das ist! –, wir können Ozeandampfer bauen, können Flugzeuge fliegen und tauchen und rennen und unsere Kinder lieben.

Und wir können staunen. Leider vergessen wir genau das durch die Gewöhnung. Das wurde mir einmal auf den Seychellen klar, auf der Hochzeitsreise mit Lena.

Als wir im Flugzeug saßen, ging der Tag zur Neige, und ich sah unter uns Straßen wie gesponnenes Gold und Städte in der Schwärze der Nacht glitzern. In diesem Augenblick wurden die Probleme des Alltags klein und ich staunte über unseren Planeten. Ich atmete auf. Aus der Distanz konnte ich mit Ruhe auf die Dinge blicken, die mich zu Hause beschäftigt hatten.

Nach der Ankunft genossen wir Tag um Tag die wundervollen weißen Strände auf der kleinen Seychellen-Insel Praslin. Sie sind tatsächlich fast menschenleer. Es gibt keine Städte hier, nur Palmen und Sand und Dörfer mit freundlichen Bewohnern. Beim Schnorcheln beobachteten wir Wasserschildkröten und Nasenhöcker-Papageifische. Als ich mit einem Seychellois sprach und vom Meer schwärmte, sagte er gleichgültig, er habe seit Jahren nicht mehr im Meer gebadet. Ich war fassungslos. Er wohnt am Ufer dieses prächtigen tiefblauen Ozeans und geht nicht schwimmen? Aber er habe im Fernsehen gesehen, sagte er, dass wir in Europa faszinierende Städte mit großen Gebäuden hätten. Da würde er gern einmal hinreisen.

Mir wurde klar, dass nicht nur er sich an ein Wunder – den Ozean – gewöhnt hat, sondern auch ich: eine Stadt wie Berlin, in der Millionen Menschen ihre Wohnungen wie kleine Nester zusammengeklebt haben, dazwischen Orte, an denen sie sich zum Feiern treffen und zum Plaudern, und jeder hat seine Lieblingsplätze im Park oder an der Straße und seinen Bäcker, man setzt sich vor Kinoleinwände, vertraut roten und grünen Lichtern, die den Verkehr regeln, man produziert und kauft und schafft nach Hause, und immer ist das leise Rauschen zu hören, der nimmermüde Atem der Stadt.

Mirjam Nietz schrieb mir über eine Autofahrt nach Usedom: „Und mich umfängt wieder ein rätselhaftes Gefühl, diese Weltsehnsucht, ich muss hier überall auch mal wohnen, muss ich?, wenn wir durch unbekannte Ortschaften brausen, vorüber an nie mir bekannt werdenden Leben; dass ich denke: Wie ist das hier? Was tun die Leute, um hier glücklich zu sein? Vielleicht macht das das große Meer mit mir, sein Rauschen, das mich an den Haaren herbeiziehen will, seine ständig neugeborenen Wellen aus uralten Wassern."

Das Leben ist jetzt

Wie schafft Felix es eigentlich, dass sich nach dem Mittagessen die Nudelsoße auf seiner gesamten Kleidung wiederfindet – auf seinen Socken genauso wie in seinen Haaren? Lätzchen werden als Erfindung überbewertet. Sie schützen nur eine kleine Fläche auf Felix' Brust.

Wir haben alles probiert. Lätzchen aus Hartplastik, die in einer Art Auffangschale das herunterfallende Essen auffangen sollen, damit die Hose verschont bleibt. Felix hasst diese Lätzchen, es ist immer ein Kampf mit viel Geschrei, ihm eines davon anzuziehen. Und sie haben die unangenehme Eigenschaft, unter dem vorderen Bügel seines Tripp-Trapp-Kinderstuhls festzuhängen, woraufhin er sich mit einem Aufbäumen befreit und auch das in der Auffangschale befindliche Essen verschüttet.

Eine Art Schürze mit Ärmeln haben wir ebenfalls ausprobiert. Sie ähnelt eher einer Zwangsjacke als einem Lätzchen, aber wir hatten große Erwartungen. Doch anstatt sie an sich herunterhängen zu lassen, hat Felix sie leider geknüllt und so viel mit ihr herumgehampelt, dass am Ende doch genug Essen auf seinen Anziehsachen gelandet war, um den weiteren Gebrauch nicht gerade zu empfehlen.

Wir haben das Thema schließlich aufgegeben. Dass selbst Müsli so hartnäckig am Stoff von Hosen und Sweatshirts kleben kann, war mir früher allerdings nicht bewusst. Nach jeder

Mahlzeit muss Felix umgezogen werden. Die Waschmaschine läuft täglich.

Ich hoffe darauf, dass er im Umgang mit dem Löffel geübter wird. Das scheint auch sein Plan zu sein. Er will alles allein machen, selbst die Dinge, die ihn vollkommen überfordern, und wird wütend, wenn wir ihm da hineinpfuschen. Manchmal machen mir seine Wutausbrüche Angst. Ich fürchte mich vor meinem eigenen Kind. Er ist willensstärker und konfliktbereiter als ich.

Lena und ich streiten uns selten, es gehen mitunter Monate ohne Streit ins Land. Unsere Kinder streiten mehrmals täglich, gefühlt im Sechs-Minuten-Takt. Alle sechs Minuten gibt es Gezeter. Wenn es ausbleibt, gehen wir besorgt nachsehen. Meistens tun die Kinder etwas Verbotenes, das sie verheimlichen wollen. Die Stille verrät sie.

Sie klettern auf einen Stuhl und vom Stuhl auf die Anrichte und versuchen, etwas aus dem Schrank zu angeln, in dem die Süßigkeiten lagern. Oder sie stopfen Pappmascheekugeln durch die Löcher des Waschbeckenablaufs, so viele, dass ich das Rohr abschrauben und reinigen muss, weil kein Wasser mehr abfließt. Ein andermal gelingt es Jona, sich ein scharfes Küchenmesser aus der Schublade zu holen und damit nicht nur tief in eine Orange zu schneiden, sondern außerdem in seinen Finger.

Sind sie in der Badewanne, frage ich mich: Müsste ich nicht danebenstehen? Könnten die Kinder nicht ertrinken? Eigentlich sind sie schon zu groß dafür. Aber Jona überschüttet Felix mit Wasser, sodass er klatschnass ist. Wenn ich reinkomme und schimpfe, sagt Jona: „Aber der weint gar nicht. Der lacht." Mit anderen Worten: „Was willst du, Papa, ihm gefällt's!"

Ein Blick in Felix' Gesicht zeigt mir, dass er nicht weit vom Weinen entfernt ist. Er weiß nicht so recht, wie er mit dem Übergriff des Bruders umgehen soll. Während er ein guter Spielkamerad sein will, fürchtet er auch das viele Wasser.

Bei anderer Gelegenheit berichtet Jona mir, dass er mit Lena einkaufen war und einfach auf die Straße gelaufen ist. Ich sehe ihn streng an. „War das nicht gefährlich?"

Lässig antwortet er: „Nein, Papa. Ich war nicht tot."

Felix macht es Spaß, Dinge irgendwo hineinzustecken. Erst sind die Dinge da, dann sind sie weg. Deckel auf, Deckel zu, das fasziniert ihn. Ich nutze dieses Interesse und gewöhne ihn, wie auch zuvor schon Jona, daran, Sachen in den Mülleimer zu bringen. Er kann bereits Gelben Sack, Papiermüll und Haushaltsmüll voneinander unterscheiden. Er hebt ja sowieso dauernd Fitzelchen vom Boden auf: Teile von der Alufolie eines Überraschungseis. „Steck es in den Gelben Sack." Fusseln von einer Socke. „Bring sie in den weißen Mülleimer." Ein Papierfitzelchen. „Tu's in den Papiermüll." Mit Feuereifer folgt er dem Kommando, und ich spare mir einen Weg.

Nur habe ich nicht bedacht, dass die Kinder das irgendwann auch allein machen. Sie ordnen die Sachen zu und werfen sie weg, ob sie nun Müll waren oder nicht. Zum Beispiel hatte Lena 30 Euro geschenkt bekommen, einen Zehner und einen Zwanziger. Das Geld war tagelang verschwunden, dann ging Lena in die Garage, um den Papiereimer in die blaue Tonne zu entleeren, und zufällig sah sie zwei Geldscheine in die Tonne rieseln. Ich habe ganz stark Felix im Verdacht.

Wir werden aufpassen müssen, dass er nicht unsere Portemonnaies in die Hände kriegt.

Wenn ich Jona etwas verbiete, sagt er: „Aber wenn ich sechs bin, darf ich das." Groß zu werden ist sehr wichtig für ihn. Es ist sozusagen die Lösung für alles. Habe ich das nicht auch mal geglaubt? Wenn ich das Abitur geschafft habe, dann geht das Leben los. Wenn nur erst das Studium abgeschlossen ist, bin ich ein freier Mann. Wenn ich eine Frau gefunden und eine Familie gegründet habe, bin ich wirklich glücklich. Nach diesem Prinzip lässt sich das Glück fortwährend auf später verschieben.

Man will nicht nur glücklich sein, sondern glücklicher als die anderen. Und das ist deshalb so schwer, weil wir die anderen für glücklicher halten, als sie sind. (Wusste schon Montesquieu im 18. Jahrhundert.)

Ich will lernen: Wenig kann viel sein, wenn es genug ist.

Aber bis ich das gelernt habe, wende ich das Glücksverschiebeprinzip auch auf die Kinder an: Wenn sie erst nachts durchschlafen, werden wir uns wieder wie richtige Menschen fühlen. Wenn Felix erst einmal sprechen kann, muss er nicht mehr herumheulen, ohne dass wir kapieren, was er will, nein, wir werden wie vernünftige Menschen miteinander reden können. Wenn Jona erst einmal im Kindergarten ist ... Wenn sie endlich in der Schule sind ...

Mein Leben ist bestimmt von tausend Notwendigkeiten. Das ist ungewohnt für mich, es fühlt sich an wie ein zu enger Tauchanzug, er passt mir nicht. Man muss sich vor Augen halten, wie ich die zehn Jahre davor verbracht habe: allein, eigenständig und zudem mit einem Beruf, der nur eine einzige Arbeitsaufgabe im Jahr vorsah, mit freier Zeiteinteilung. Jetzt überfordert mich das „Tagesprogramm". Ich muss ständig aufpassen, erziehen, schimpfen und loben, erklären, helfen.

Auf Fotos sehe ich voller Wehmut, wie jung ich war, und augenblicklich möchte ich zurück, will wieder so jung sein und so verwegen, so naiv und gipfelstürmerisch. Ich will die Lebenslust von damals spüren und das Wissen auskosten, alles noch vor mir zu haben. Wie wird es mir gehen, wenn ich die Fotos von heute in zwanzig Jahren betrachte? In zwanzig Jahren bin ich sechzig.

In meiner Kindheit hatten wir einen Fernseher, für den man zuerst einen Trafo einschalten musste. Der Fernseher brauchte lange, bis er nach dem Einschalten ein Bild zeigte, zuerst hörte man den Ton, und dann kam mit Verzögerung allmählich das Bild hinzu.

Später bekamen wir einen Farbfernseher. Aber es wurde noch nicht alles in Farbe gesendet. Meine Brüder und ich freuten uns manchmal auf einen Film, und wenn wir den Kanal einschalteten, stöhnten wir: „Och, der ist ja in Schwarz-Weiß!"

Meist guckten wir ihn trotzdem. Und dabei geschah etwas Seltsames: Nach einigen Minuten sahen wir die Farben. Wir vergaßen, dass der Film schwarz-weiß war. Es spielte überhaupt keine Rolle mehr, ob die Farben gesendet wurden, wir konnten sie sehen.

So vieles habe ich selbst in der Hand. Derselbe Tag kann mir, je nach Stimmung, grau oder bunt erscheinen.

Ich will nicht bloß auf später hoffen. Und auch nicht dem Damals nachtrauern. Das Leben ist jetzt.

Jona, wie er vor der Waschmaschine hockt und durch die runde Glastür zuschaut, wie die Wäschestücke rotieren. Felix und der Duft seiner weichen Babyhaare und seine zarte Haut, die man immerzu abküssen möchte.

Die beiden in ihren Bademänteln, wie sie – tapp, tapp, tapp – barfüßig aus dem Bad ins Wohnzimmer rennen, juchzend, weil ihnen das Rennen Freude macht.

Wie dünnes Glas

Mein Leben wird nie langweilig. Lena räumt nämlich immer wieder um. Ich stehe dann in der Küche und frage mich, wo neuerdings die Kartoffeln sind oder die tiefen Teller oder das Salz. Habe ich es herausgefunden, brauche ich noch einmal Wochen, ehe ich mich umgewöhnt habe.

Jetzt hat es zum ersten Mal Lena selbst erwischt. Sie steht in der Küche, sieht sich verwirrt um und fragt: Wo ist das Öl? Dann muss sie plötzlich lachen. Sie hat es umgeräumt, gestern, es steht jetzt im Schrank, wo vorher die Suppenschüsseln standen.

Ich brauche Ordnung um mich herum, dann ist es auch in mir drin aufgeräumt. Aber es wird mir oft schwer gemacht, Ordnung zu halten. Dass sich die DVD-Hersteller beispielsweise nicht einigen können, ob sie die Titel von unten nach oben oder von oben nach unten auf die Rücken der DVD-Hüllen schreiben, quält mich. Die einen richten sich nach deutschem Standard, die anderen nach internationalem Standard. Und ich stelle die DVDs ins Regal und störe mich daran, dass ich den Kopf mal nach links und mal nach rechts neigen muss, um die Titel zu lesen. Wenn ich die internationalen DVDs einfach andersrum reinstelle, sind zwar die Rücken einheitlich, aber das Cover steht falsch herum. Das sieht man nicht, weil im Regal gleich die nächste DVD anschließt, aber ich weiß es, und dieses das Falschrum-Gefühl macht mich rasend.

Besonders schön stelle ich Bücher ins Regal. Ich habe ein halbes Regal für DVDs und sieben Regale für Bücher. Eines davon steht vor dem Büro im Flur. Felix, der längst mitbekommen hat, dass Bücher meine Achillesferse sind, nutzt es als letztes Druckmittel. Wenn ich in Ruhe arbeiten will, schließe ich mich im Büro ein, da sonst die Kinder alle paar Minuten reinkommen. Will Felix mich sehen, weiß er sich zu helfen: Er reißt die Bücher aus dem Regal vor der Bürotür und lässt sie zu Boden poltern. Bei diesem Geräusch stockt mir das Blut in den Adern. Ich stürze hinaus und rette meine Bücher. Mein Schimpfen steckt der Kleine locker weg, das war es ihm wert. Freundlich reicht er Bücher an, die ich dann wieder ins Regal stelle. Anschließend zeigt er aufs Kinderzimmer, weil er mit mir spielen will.

Schon mein Bruder Julian wusste, wie wichtig mir die Ordnung der Bücher ist. Um mich zu ärgern, schlich er sich manchmal in mein Zimmer und stellte eines der Bücher verkehrtherum ins Regal oder er schob eines ein kleines Stück nach hinten. Gleich beim Betreten des Raums merkte ich es und korrigierte die Veränderung.

Inzwischen aber bin ich machtlos. Das Spielzeug der Kinder verbreitet sich im gesamten Haus. Im Spiegelschrank im Bad liegt ein Gummiball, vermutlich hat Lena ihn den Kindern weggenommen, weil er allzu wild durch die Gegend sprang. In meinem Büro liegt ein Legohuhn und unter meinem Schreibtisch parkt ein Traktor. Kuscheltiere liegen auf den Treppenstufen,

Murmeln im Schuh, Puzzleteile unter dem Wohnzimmerteppich und ein Kinderbuch unterm Küchentisch. Auf meinem Nachttisch steht Heppo von „Bob der Baumeister".

Wir versuchen immer wieder, die Verbreitung einzudämmen, und räumen alles zurück ins Kinderzimmer. Minuten später hat die Wanderung erneut begonnen. Getragen von kleinen Kinderhänden, macht sich das Spielzeug auf den Weg. Vor allem Felix geht nie mit leeren Händen durchs Haus, er hat immer ein Matchboxauto dabei oder Eisenbahnwaggons oder Legotiere, und das Spielzeug muss paarweise vorhanden sein, denn er braucht für jede Hand eines, damit er sich wohlfühlt und die Sicherheit hat, jederzeit spielen zu können.

Am meisten fürchte ich eine schreckliche Fußangel, die uns Eltern als Spielzeug untergeschoben wird. „Motorikschleife" wird sie zur Tarnung genannt. Die Kinder stellen sie gern mitten in den Weg, und wenn ich nachts ins Kinderzimmer schleiche, um die Jungs zuzudecken – ohne Licht zu machen, natürlich –, bleibt mein Fuß in den gewundenen Drähten stecken. Reflexartig versuche ich, das Ding abzuschütteln, und verursache einen fürchterlichen Radau. Lena ist das auch schon oft passiert. Die Motorikschleife ist die perfekte Alarmanlage. Einbrecher werden auf sie genauso hereinfallen wie ich.

Woran merkt man außerdem, dass man sich in einem Haushalt mit kleinen Kindern befindet? Daran, dass der Schlüssel von außen in der Tür des Badezimmers steckt, nicht von innen. Und dass sie verschlossen ist, obwohl niemand sich im Bad befindet. Was stellen unsere Jungs nicht alles mit der Toilette an! Mit der Klobürste! Mit dem Toilettenpapier! In einem Haus ohne Türen wären wir geliefert.

In der Speisekammer plötzlich Gekicher. Ich folge dem Geräusch. Das Kichern kommt aus dem Schrank. Ich öffne eine Tür, und meine zwei Jungs lachen sich schlapp, als sie meinen Gesichtsausdruck sehen. Ich fühle mich in meine Kindheit zurückversetzt. Auch wir sind damals gern in Schränke gekrochen. Und wir waren drei Brüder. Drei kleine Kerle im Schrank. Das muss ähnlich niedlich ausgesehen haben wie unsere zwei Jungs, die mich aus dem Schrank anlächeln.

Kurze Laute scheinen Felix zu gefallen. Ein Frosch heißt bei ihm „Bok", ein Zug „Tuk". Den Mond nennt Felix „Mop". Wenn er aber etwas mit Nachdruck erreichen will, kann er plötzlich alles aussprechen: „Eine Möhre!" Oder: „Buch lissen." (Ich soll das Buch, das er mir gebracht hat, vorlesen.) Sehr niedlich singt er mitten am Tag, wenn es ihm einfällt: „Tutitu, lalala", die Melodie des Youtube-Filmchens *Tutitu*, das er liebt.

Wir sagen: „Ich mag den Herbst." Kinder finden viel schönere Worte dafür. Mitten beim Essen sagt Jona plötzlich: „Ich lieb so gern, dass ein Blatt aus dem Baum fällt. Und dass die Vögel mein Futter picken, das lieb ich auch gern."

Jona besitzt die erstaunliche Fähigkeit, Dinge zu überhören. Wenn wir ihn auffordern, herzukommen, weil wir ihn anziehen wollen, spielt er seelenruhig weiter, als wäre unsere Aufforderung an jemand anderen gerichtet gewesen. Felix hat diese Fähigkeit perfektioniert: Er läuft weg, statt zu uns zu kommen.

Gleichzeitig verfügen die Kinder über die Ausdauer, Dinge hundertmal zu sagen, wenn sie selbst etwas wollen. Wahrscheinlich gehen sie davon aus, dass wir genauso gut weghören können wie sie.

Will Jona etwas haben, und ich bin nicht gewillt, es ihm zu geben, wiederholt er die Forderung einfach so lange, bis ich dem entweder mit einem scharfen Befehl ein Ende mache oder aber nach fünf Minuten weichgekocht bin und es ihm gebe. Er hat diese Technik perfektioniert: Seine dutzendfach wiederholte Aufforderung spricht er in einem melodiösen, immer gleichen Tonfall, einer Art Singsang, die kaum zu ertragen ist. Dabei tänzelt er geschickt um mich herum, steht mir im Weg, stört meine Konzentration.

Auch Felix weiß, wie man's macht, obwohl er erst anderthalb Jahre alt ist. Wacht er nachts auf, schreit er: „Aua, aua, aua!" Ich renne in sein Zimmer, streichle ihn und frage, wo es ihm wehtut und ob er eine Milchflasche haben will. Befriedigt sagt er: „Ja." Das war's. Es gibt keine Schmerzen. Er hat nur bemerkt, dass man besonders eilfertig und hilfsbereit reagiert, wenn jemand „aua" ruft.

Das Problem sind die Nächte. Beide Jungs werden nachts wach, weil sie Zuwendung brauchen oder etwas zu trinken. Leider sprechen sie sich wegen der Zeiten nicht ab. Das heißt, dass wir mehrmals in der Nacht geweckt werden, häufig, scheint mir, in den Tiefschlafphasen. Tagsüber fühlt man sich dann wie dünnes Glas, das jeden Augenblick zu zerbrechen droht.

Wie viele andere Eltern wohl noch entdeckt haben, dass der Kippschalter des Wasserkochers in der nächtlichen, finsteren Küche mit einem kurzen elektrischen Blitz aufleuchtet, wenn er sich ausschaltet? Ich bereite ein Fläschchen für mein nachtwaches Kind zu und erkunde die Welt der Dunkelheit, die mir sonst unbekannt geblieben wäre.

Wie dankbar bin ich, wieder ins Bett zu sinken. Wie weich erscheint es mir, wie wohltuend!

Und dann die erste Nacht, in der beide durchschlafen. Ich wache morgens auf und sehe verwundert, wie hell die Sonne bereits scheint. Mein Herz setzt aus. Ich bin sicher, die Kinder sind gestorben. Plötzlicher Kindstot. Oder erstickt. Ich springe aus dem Bett und stürze in Panik ins Kinderzimmer. Da liegt Felix und atmet ruhig. Ich haste zu Jona. Auch er lebt. Er hebt müde den Kopf.

Aus dem Entsetzen wird Euphorie. Wir haben es geschafft. Wir haben die Zeit des Schlafmangels überlebt, die Folter hat ein Ende.

„Gott hat die ganze Stadt angemalt", sagt Jona. „Die Häuser hat er weiß gemacht." Er zeigt auf ein Haus. „Da ist er aufs Dach geklettert und hat alles angemalt." Dann wird er nachdenklich. „Warum ist der Gott immer nicht da? Wo ist der denn?"

Gott ist im Himmel, erkläre ich. Auch wenn mir selbst nicht ganz klar ist, wo und in welchen Dimensionen sich Gott aufhält. Was weiß denn schon ich?

„Bei den Engeln?"

Ja, sage ich, das sind seine Freunde.

Jona deutet auf unser Fensterbild mit den Sternen. „Und die Sterne, die hat er gern. Aber der muss mal runterkommen. Ich will mir den anschauen, wie der aussieht."

„Bin ich auch mal tot?"

Die Wolken streuen Schneekristalle aus. Bald ist das Laub vom Vorjahr zugedeckt, die Reifenspuren, die vertrockneten Büsche. Autos und Häuser werden eingeschneit. Die scharfen Kanten unserer modernen Welt werden weich. Die Landschaft gewinnt an Weite und Klarheit, sie glitzert in weißem Licht.

Der Anblick hilft mir, im Herzen Ruhe zu finden. Die Schneelandschaft erinnert mich an die Großzügigkeit des Lebens: Immer wieder bekomme ich neue Tage unberührter Lebenszeit geschenkt.

Ich stopfe sie voll wie Zimmer, stelle sie mit Möbeln und Lampen zu, hänge zu viele Bilder auf. Der Schnee in seiner Einfachheit und Klarheit erinnert mich an die geschenkte Zeit und daran, dass mich Eigentum behindert, dass ich manchen Besitz loswerden muss, um frei zu werden.

Wir haben einen Kochlöffel, dessen Kopf nur noch zur Hälfte vorhanden ist. Ich liebe ihn, weil er „Charakter" hat. Einen fabrikneuen Kochlöffel hat jeder! Unserer ist etwas Besonderes. Natürlich könnten wir ihn für wenig Geld ersetzen. Aber er rührt genauso gut wie ein neuer Löffel. Das verdeutlicht mir, wie wertvoll etwas „Angeschlagenes" sein kann. Manchmal ist Perfektion gar nicht notwendig, ja, nicht einmal erstrebenswert. Mit gebrauchten Dingen verbinden uns Geschichten, sie begleiten uns seit vielen Jahren.

Wir gieren oft nach Neuem: neue Produkte, neues Wissen. Dabei versäumen wir es, zu dem Alten, das wir bereits haben, eine tiefe Beziehung aufzubauen. Mir tut sie gut, die Freundschaft mit einem alten Kochlöffel.

Jona isst Schnee. Warum habe ich eigentlich so lange keinen Schnee mehr gekostet?

Unvermittelt sagt er: „Weißt du, warum du eine Schramme hast? Weil du so alt bist."

Ich sage: „Das heißt Falte."

Stolz erklärt er: „Schau, ich habe auch so eine Falte, weil ich auch schon so alt bin!", und zeigt auf seine unversehrte glatte Kinderstirn. Schön, das Alter, wo man noch alt sein will.

Er liebt den Katalog der Murmelbahn, eine DIN-A3-Seite mit weiteren Murmelbahnkomponenten, und bettelt, noch eine Bahn geschenkt zu bekommen. Gerissen, wie er ist, fragt er Felix, welche er sich wünscht, und ruft dann triumphierend: „Felix wünscht sich die hier!" Aber eine genügt ihm nicht. Er zeigt auf eine weitere. „Können wir nicht noch die bestellen, zur Nachspeise?"

Felix hat im Wohnzimmer den großen Blumentopf mit der Palme vom Schrank gerissen, der Topf ist zersprungen, ein Berg von Blumenerde hat sich über den Teppichboden und das Spielzeug ergossen. Jetzt buddle ich wie ein Archäologe in der Erde nach den Spielsachen, befreie sie durch Schütteln, Pusten und leichte Stöße von den schwarzen Krumen und lege sie beiseite, um nach dem nächsten Spielzeug zu graben. Die Kinder müssen währenddessen auf dem Sofa sitzen und Bücher anschauen, damit sie nicht durch die Erde laufen und sie im Haus verteilen.

Manches, was die Zukunft bringt, errät man nie. Ich hätte nicht geglaubt, dass ich mal im Wohnzimmer auf dem Boden knien und mit beiden Händen in Erde wühlen würde.

Der Tod fasziniert Jona. Er will abends im Bett immer wieder, dass ich von meinem verstorbenen Großvater Ewald berichte. Ich erzähle ihm von Kanada, davon, wie Ewald meine Oma geheiratet hat, vom Briefmarkensammeln und schließlich vom Altwerden und Sterben. Und ich sage, dass Ewald, wenn Jesus kommt, wieder lebt. „Dann steht er wieder auf", sagt Jona befriedigt. Wir singen ein Lied, und ich denke, dass das Thema abgehandelt ist. Da sagt Jona: „Weißt du, warum dein Opa gestorben ist, Papa? Weil Jesus nicht da war. Deshalb ist er gestorben." Ich nicke erst, dann stelle ich es richtig: „Nein, Jona, weil er alt war." Aber Jona will das nicht akzeptieren, er widerspricht. „Er ist gestorben, weil Jesus nicht da war."

Ein paar Wochen später fragt er: „Ewald ist schon tot, stimmt's?"

„Ja."

„Warum ist er gestorben?"

„Er war sehr alt."

„Wie alt?"

„Über achtzig."

„Wie sieht man aus, wenn man tot ist?"

„Blass."

„Was ist blass?"

„Wenn man weiße Haut hat."

„Und wie ist man noch, wenn man tot ist?"

„Man kann nichts mehr sagen und kann sich nicht mehr bewegen."

„Bin ich auch mal tot?"

Ich zögere. „Wenn du achtzig bist."

„Aber dann kann ich nichts mehr sehen! Auch nicht meine Murmelbahn! Ich will nicht tot werden, wenn ich achtzehn bin."

„Achtzig. Vielleicht auch neunzig."

„Aber ich will nicht tot werden!"

„Du musst keine Angst haben", sage ich. „Gott macht dich wieder lebendig."

Später am Tag gehen wir spazieren. Jona sieht an einem Zaunpfahl einen braunen Käfer. Er sitzt still da und sonnt sich. Ich sage: „Du kannst ihn vorsichtig von hinten schubsen, dann krabbelt er los."

Jona schubst ihn. Der Käfer krabbelt los. Jetzt schlägt Jona mit der flachen Hand darauf. Der Käfer fällt vom Pfahl.

Ich bin entsetzt. „Was soll denn das?"

„Das macht nichts", sagt Jona. „Gott macht ihn wieder lebendig."

Wir sind mit den Kindern im Naturkundemuseum. Jona sieht zum ersten Mal ein Saurierskelett und fragt erstaunt: „Was ist das?" Ich erkläre es ihm. In der Eingangshalle steht zudem ein ausgestopfter Elefant, er sieht lebensecht aus, bewegt sich aber nicht. Jona fragt: „Ist der echt? Der ist nicht echt, oder?" Ich sage, dass er mal gelebt hat, aber dass er jetzt nicht mehr lebt.

„Warum ist er tot gegangen?"

Ich sage, er sei alt geworden.

Dann betreten wir einen neuen Raum und stehen überraschend vor einem menschlichen Skelett. Ich will Jona weiterziehen. Ich bin besorgt, dass es ihn erschüttert. Aber er weigert sich, weiterzugehen, und guckt sich das menschliche Skelett genau an. Dann sagt er lapidar: „Das ist ein Mann."

Ich kann es nicht leugnen.

„Der hat mal gelebt, aber jetzt ist er tot."

Ich hoffe, er stellt keine weiteren Fragen.

Da sagt er zu mir: „Du wirst ganz alt und dann musst du sterben." Bestürzt sieht er mich an, weint fast: „Aber dann habe ich keinen Papa mehr!"

„Bis ich achtzig bin, dauert es doch noch lange."

Er sagt: „Wenn du tot bist, denke ich immer nach dir." Er meint wohl: an dich. Und er umarmt mich.

Ich muss viel über unseren Wortwechsel nachdenken. Ich hatte geglaubt, dass Kinder ein schlichteres Weltbild haben und dadurch noch lange von den Schrecken des Lebens verschont bleiben. Offenbar stimmt das nicht. Es erwischt sie schon in jungem Alter.

Ein Comicstrip der Peanuts fällt mir ein, den ich mal gesehen habe.

Charlie sagt: „Eines Tages werden wir sterben."

Snoopy erwidert: „Aber an all den anderen Tagen leben wir."

Zum Glück können Kinder das hervorragend: einen Tag wie eine ganze Welt erleben. Darin sind sie uns Erwachsenen meilenweit überlegen.

„Der Körper ist lieb"

Vor der Tür meines Arbeitszimmers parken Spielzeugautos. Sie stehen nebeneinander, fünfzehn Autos, mit der Schnauze stoßen sie an die Tür. Jona muss sich gedacht haben: Wenn Papa schon nicht die Tür aufmacht, dann kommen die Autos eben zu ihm. Jetzt belagern sie mich.

Nehme ich mir zu wenig Zeit für die Jungs? Am Abend, als Jona schlafen soll, verabschiede ich mich aus seinem dunklen Zimmer.

„Ich mag schmusen", sagt er.

Ich gehe noch mal zum Bett, streichle ihn und küsse seine Wange, dann sage ich gute Nacht.

„Ich mag mit jemandem schmusen, der Zeit hat."

Das sitzt. Ich kuschle ausgiebig mit ihm, was sonst eher Lenas Part ist. Manchmal zieht er mich so eng an sich, dass ich lachen muss, und ich sehe in der Dunkelheit ein zufriedenes Grinsen auf seinem Gesicht.

Gerührt liege ich im dunklen Zimmer bei ihm, während er immer schläfriger wird. Ich weiß, dass es diese Momente nur in den frühen Jahren gibt, als Teenager wird er mich nicht so nah bei sich haben wollen, irgendwann ist es damit vorbei. Durch meine Eile entgeht mir so viel. Ich danke ihm wortlos dafür, dass er mir mit seinem Schmusebedürfnis gezeigt hat, wofür Zeit sein muss in diesen Jahren.

Er ist jetzt ganz Kind. Am Tag hat er sich noch in die Brust geworfen und mit voller Überzeugung verkündet: „Ich bin schon ein großer Mann." Aber jetzt ist er wieder der Dreijährige, nähebedürftig und anschmiegsam. Ich staune über diesen Menschen, der da neben mir im Bett liegt und immer ruhiger atmet. Wo kommt er eigentlich her? Dass wir mit seiner Entstehung etwas zu tun haben sollen, erscheint mir unbegreiflich. Eher kommt es mir vor, als hätten Jona und Felix irgendwann einfach vor der Tür gestanden und wir hätten sie reingebeten und würden sie nun allmählich kennenlernen.

Wir Menschen können auf zwei Arten motiviert sein: extrinsich (ich tue etwas, weil ich Geld oder Anerkennung dafür bekomme) oder intrinsisch (ich tue etwas, weil ich es für wichtig halte). Unsere Gesellschaft betont das extrinische Belohnungssystem. Wir sammeln Vielfliegermeilen, Paybackpunkte und Bonusstempel. Wir erwarten einen direkten Vorteil für uns bei allem, was wir tun. Eine Prämie. Mehr Geld. Selbst zum Zahnarzt gehen wir nicht freiwillig, sondern für einen Stempel, damit die Versicherung einen höheren Zuschuss zum Zahnersatz gibt.

Dabei vergessen wir, Dinge zu tun, weil sie einfach gut sind. Ich möchte das wieder lernen. Ich genieße Momente, in denen ich meine junge Familie erlebe und ganz „da" bin. Ich genieße schöne Lesestunden. Anderen aufmerksam zuzuhören. Die Wunder des Alltags in dieser erstaunlichen Welt wahrzunehmen.

Wer Zeit an andere verschenkt, hat das Gefühl, selbst über mehr Zeit zu verfügen. Das ist das Ergebnis einer Untersuchung, die in der Fachzeitschrift *Psychological Science* veröffentlicht wurde.

Die Psychologen gönnten Probanden an einem Samstag 10 Minuten Pause. Andere mussten 30 Minuten lang jemandem helfen. Wer die halbe Stunde hergegeben hatte, war hinterher entspannter als diejenigen, die 10 Minuten für sich gehabt hatten.

Offenbar bringt es Erfüllung und Frieden, andere zu lieben. Je mehr ich unter Zeitdruck leide, umso weniger bin ich bereit, Lena, den Kindern und meinen Freunden Aufmerksamkeit zu schenken – dabei wäre genau das die Lösung.

Ich will mich wieder berühren lassen. Der Zeitdruck darf mir nicht die Menschlichkeit nehmen. Ich möchte die Menschen sehen, sie an mich heranlassen und für sie da sein.

Felix hat eine neue Marotte: In seinem blauen Schneeanzug lässt er sich immer wieder in den Schnee fallen und ruft mit kläglicher Stimme: „Hilfe! Hilfe!" So lange, bis wir kommen und ihm aufhelfen. Ein paar Schritte später lässt er sich wieder hinfallen. Er liegt dann reglos wie ein Käfer auf dem Rücken, streckt die Arme steif von sich und ruft erneut: „Hilfe!"

Jona ist vor ein paar Tagen auf dem Eis ausgerutscht und hat sich an der Hand wehgetan. Jetzt zeigt er sie mir. Sie ist vollständig verheilt. „Der Körper hat es repariert", erkläre ich ihm.

Jona sagt: „Der Körper ist lieb." Er denkt nach. „Hat der Körper auch Augen?"

Ich zeige auf die Augen und sage: „Natürlich, da sind die Augen!"

Aber das meinte er nicht. Er schüttelte den Kopf. „Hat der Körper auch hier drin Augen?", fragt er und zeigt auf seinen Bauch.

Was für eine Vorstellung! Augen, mit denen man in sich drin nachsehen kann, ob alles in Ordnung ist. Schöne Idee. Ich verneine dennoch.

„Warum nicht?"

„Da drin ist es dunkel."

Das wiederum fasziniert ihn. Tagelang erzählt er mir immer wieder, dass es im Körper dunkel ist. Und ich muss über einen anderen Satz nachdenken, einen, den er gesagt hat: Der Körper ist lieb. Denke ich von meinem Körper so? Hätte ich diese Einstellung, würde ich viel freundlicher mit mir selbst umgehen. Ich behandle meinen Körper oft wie ein Arbeitstier, einen Esel, der mich zu tragen hat. Gehorcht er nicht oder kränkelt gar, werde ich ungehalten. Dabei hat Jona recht: Mit welcher Verlässlichkeit mein Körper atmet, Blut durch die Adern pumpt und Nahrung in kostbare Aminosäuren zerlegt, verdient Hochachtung. Neununddreißig Jahre lang kann ich mich schon auf ihn verlassen. Er verdient Pflege und Schonung.

Wenn nur die Kinder da mitmachen würden! Um 4 Uhr morgens weckt Felix mich durch Gesang. In einer etwas unverständlichen Kleinkindversion singt er: „Meine Füße sind verschwunden, ich habe keine Füße mehr. Ei, da sind die Füße wieder, lalalalala, hey!"

Ich gehe zu ihm und sage, dass es mitten in der Nacht ist und er wieder schlafen soll. Ob er eine Milch haben will? Er will. Ich gehe runter in die Küche, schlaftrunken, und mache ihm eine warme Milch zurecht. Die Handgriffe sitzen, auch im Dunkeln. Nur fürs Eingießen öffne ich den Kühlschrank, um etwas Licht zu haben. Das reguläre Küchenlicht ist mir zu hell, ich will nicht richtig wach werden.

Als ich die Kinderzimmertür öffne, sagte Felix, putzmunter und befriedigt: „Mimi kommt."

Ich gebe ihm die Flasche, streichle ihm über das Gesicht und wiederhole den Schlafbefehl.

Zurück im Schlafzimmer sinke ich erleichtert ins Bett. Aber schon nach zehn Minuten höre ich wieder lustigen Gesang. „Meine Füße sind verschwunden, ich habe keine Füße mehr. Ei, da sind die Füße wieder, lalalalala, hey!" Das „Hey!" schreit er richtig.

Ich wäge ab, ob ich noch mal zu ihm gehe. Vielleicht ist seine Windel voll? Aber ich fürchte, ihn damit nur noch wacher zu machen, und hoffe auf zusinkende Kinderaugen.

Nicht mit Felix. Nicht heute Nacht. Er singt eine geschlagene Stunde lang. Bis ich endlich aufgebe und ihn aus dem Bettchen hebe.

Um halb acht wecke ich Lena und bitte um Ablösung. Sie lässt mich noch mal anderthalb Stunden schlafen. Trotzdem bin ich den Tag über wie gerädert.

Abends sind wir mit Freunden aus München verabredet, Lenas Eltern kümmern sich um die Jungs und wir dürfen ausfliegen. So etwas tun wir viel zu selten, vielleicht alle acht Wochen. Wir sollten es öfter machen.

Wir geben die Kinder ab. Und reden dann auf der Fahrt nach München nur von ihnen. Wir genießen die Stunden mit den Freunden, gehen erst gemeinsam in die Therme und anschließend beim Spanier essen. Auf dem Heimweg wieder: sehnsüchtiges Reden von den Kindern.

Als wir zu Hause ankommen, sind es 10 Grad unter null, es ist 23 Uhr, ich bin müde. Lena sieht zum Sternenhimmel hoch und sagt: „Ich vermisse es so, wie Jona sagt: Schau mal, Mama, Sterne!"

Löwen mögen keine Kartoffeln

Zum Frühstück bekommen die Jungs ab und an Schokopops ins Müsli, nur eine Handvoll obendrauf gestreut. Jona wünscht sich heute Schokopops. Ich lehne ab. Er sagt altklug: „Die müssen auch mal alle werden, die Schokopops."

Wie gut die Kinder schon unsere Slogans kennen! So läuft es doch in der Überflussgesellschaft: Wir öffnen den Kühlschrank und gucken, „was wegmuss". Die Frage ist nicht: Habe ich mehr Appetit auf Wurst oder Käse oder Avocado oder Fisch? Sondern: Was wird als Nächstes schlecht? Ich gehe gern Lebensmittel einkaufen, es fällt mir leicht, und ich habe zudem das befriedigende Gefühl, im Haushalt zu helfen, was ich bis auf das Einräumen der Spülmaschine sonst kaum tue. Trotzdem sagte Lena neulich: „Lass lieber mich einkaufen. Sonst muss ich so viel kochen." Der Zusammenhang erschloss sich mir nicht gleich und ich war etwas gekränkt. Erst nach einigem Nachdenken wurde mir klar, was sie meinte.

Ich kaufe zum Beispiel gern Mohrrüben, und weil neulich die 2-Kilo-Tüte fast genauso viel kostete wie die 1-Kilo-Tüte, nahm ich die größere. Aber ich schaffte es nicht, alles aufzuessen. Also musste Lena etwas mit Möhren kochen. Zusätzlich hatte ich Porree gekauft und Zucchini und Paprika, und all das war zu verwerten, bevor es schlecht wurde. Unser Überfluss übt Druck auf uns aus.

Im ersten Ehejahr habe auch ich gekocht. Aber es schmeckte Lena nicht. Deshalb kocht nur noch sie. Sie bezeichnete mein Kochen verächtlich als „Erhitzen", weil ich zum Beispiel gern Fischfilet Bordelaise in den Backofen schiebe und dazu Kartoffeln und Tiefkühlgemüse koche. Das hat sie jetzt davon.

Jona soll Kartoffeln essen, aber er mag nicht. Er sagt: „Ich bin ein Löwe!"

Das ist meine Chance. Ich sporne ihn an: „Löwen haben großen Hunger, der Löwe will fressen …"

Jona sieht es anders: „Löwen mögen keine Kartoffeln. Der Löwe geht jetzt einfach." Dann steht er vom Tisch auf und verschwindet, als wäre es selbstverständlich.

Ich bin so verblüfft, dass ich gar nicht daran denke zu schimpfen.

Felix liegt vor mir auf dem Boden, ich wickle ihn. Da fängt er plötzlich an zu singen. Es hat seinen eigenen Zauber, wenn ein Einjähriger singt. Felix kennt das Lied nur bruchstückhaft, „rabi, rabi" singt er und reißt im Takt die Ärmchen hoch. Ist das nicht dieses Lied, das Jona im Kindergarten gelernt hat?

Ich rufe nach Jona und frage ihn, ob er uns das Lied einmal vorsingen könne. „Sehr gern", sagt er. Es klingt aus seinem Mund, als würde er uns Erwachsene nachahmen, viel zu reif für einen Dreijährigen.

Er baut sich neben mir auf und singt fehlerfrei das Lied. Dazu vollführt er die vorgesehenen Gesten, klopft sich im Takt auf die Oberschenkel, rollt die Arme umeinander, eine schwierige Bewegung, aber er beherrscht sie, anschließend reckt er die Hände in die Höhe. „Aramsamsam, Aramsamsam, Guliguliguliguliguli, ramsamsam. Arafi, Arafi, Guliguliguliguliguli, ramsamsam."

Felix staunt. Und ich staune auch. Es ist das erste Mal, dass mein Kind mir etwas beibringt. Jona kann jetzt Sachen, die er nicht von mir gelernt hat. Er kann Sachen, die ich nicht kann.

Welchen Sinn hat es eigentlich, auf den Tellerboden hübsche bunte Bilder zu drucken? Ja, man möchte die Kinder animieren, aufzuessen, weil sie ja gern das Bildchen vervollständigen. Aber hat irgendwer mal daran gedacht, dass Kindern auch andere Wege recht sind, um das Bild zu „befreien"? Felix steckt das Patschehändchen in die Suppe und versucht, sie wegzuwischen. Als das nichts fruchtet, kippt er den Teller und schüttet sich die Kaspressknödel-Suppe in seinen Schoß. Begeistert ruft er: „Frosch!", und zeigt auf das Bild am Tellerboden.

„Nächste Woche fliegen wir nach Amerika", erkläre ich den Kindern.

„Au ja, da freue ich mich!" Jona überlegt kurz. Verzweifelt ergänzt er: „Aber ich kann nicht fliegen."

„Nicht?"

„Ich hab es schon probiert. Hier zu Hause, von der Küchenbank."

Scheinbar stellt er sich vor, dass man das Fliegen wie das Laufen oder Sprechen lernt. Es ist für ihn eine der Sachen, die wir
Erwachsenen können und er noch nicht, und man übt es durch
das Springen von der Küchenbank.

Ich erkläre ihm, dass wir im Flugzeug sitzen, wie im Auto, und
dass man sich da auch anschnallen muss und dass es Essen gibt.

Er möchte wissen, was es zu essen gibt. Freudig sagt er: „Vielleicht gibt es ja auch Apfelsaft!"

Jetzt kann ich es kaum mehr erwarten, mit ihm und Felix und
Lena die Flugreise zu erleben.

Forscherdrang

Jona bettelt, ich solle ihm Murmelbahnen kaufen.

Ich sage: „So viel Geld haben wir nicht. Und die Flugtickets nach Amerika waren schon teuer genug."

„Dann gehen wir in den Laden und kaufen Geld und dann können wir ganz viele Murmelbahnen davon kaufen."

Wenn's so einfach wäre …

Wir betreten den Supermarkt, beide Jungs sitzen im Einkaufswagen. Da erspäht Jona einen Mann mit Halbglatze. Er ruft laut: „Schau mal, da ist einer, der hat keine Haare!" Der Mann tut so, als hätte er es nicht gehört. Ich schäme mich. Aber warum sollte es mir besser ergehen als meiner Mutter? Meine Brüder und ich haben damals in ähnlicher Situation eine alte Frau angesprochen und gesagt: „Du bist schon alt, du musst bald sterben."

Felix lernt die Farben. Er sagt so schön mit lang gezogenem R: „Rot", und mit einem langen L: „Blau", und ist stolz, wenn er die Farben richtig benannt hat. Auf alles muss er zeigen: seinen süßen blauen Schneeanzug, dann auf Jonas Jacke, auf einzelne Farbflecken im Bilderbuch …

In unserer Straße gibt es ein zauberhaftes Haus, selbst der Gartenzaun ist märchenhaft verziert, und in die Pfähle am Eingangstor sind farbige Flaschenböden einzementiert, blaue, gelbe, rote, orangefarbene. Da bleibt Felix immer stehen und streichelt jeden einzelnen Flaschenboden, und neuerdings sagt er dazu die Farben. Wer hier wohl wohnt? Irgendwann traue ich mich und klingle, um nachzufragen.

Felix zeigt auf sich und sagt: „Ich", dann deutet er auf mich und sagt: „Papa." Das Ganze wiederholt er dreimal, begeistert davon, was er begriffen hat. Ich bin ebenfalls begeistert. Das ist ein großer Schritt, sich selbst als „Ich" zu verstehen. Interessanterweise hat er noch nie „Felix" zu sich gesagt, auch nicht, wenn er sich auf einem Foto sieht. Er nennt sich dann immer „Jona".

Wir sitzen am Abendbrottisch. Jona betet: „Alle guten Gaben, alles, was wir haben, gottogott von dir, Dank sei dir dafür. Amen."

Schon nach wenigen Bissen will er nicht mehr essen, das Spielen lockt. Ich verlange: „Noch drei Löffel." Das klappt sonst eigentlich gut. Heute aber entgegnet er verschmitzt: „Oder noch zwei Kekse?"

Ich gebe nicht nach.

Er schiebt sich eine kleine Tomate in den Mund und zerkaut sie. Dann öffnet er den Mund und will von mir wissen: „Wie sieht die Tomate jetzt aus?" Er hält mir den weit geöffneten Mund entgegen.

Ich wäge ab zwischen Erziehungsmandat und Vaterstolz über seinen Forscherdrang. Mit wenigen Worten beschreibe ich die zerkaute Tomate.

Jetzt steckt er seine Hand ins Wasserglas, tief hinein bis zum Handgelenk, und sagt: „Guck mal, Papa, wenn ich die Hand reinstecke, steigt das Wasser hoch."

So langsam müsste ich einschreiten. Ich möchte nicht, dass er es für normal hält, seine Hand in gefüllte Trinkgläser zu stecken. Trotzdem sage ich: „Stimmt, das hast du gut herausgefunden."

„Wenn man was sagt, hört man das immer durchs Ohr, stimmt's?"

Ich bejahe.

„Und wenn man sich die Ohren zuhält, weißt du, was dann passiert?" Er macht es vor. „Dann hört man nichts!"

Am nächsten Tag höre ich ein kräftiges Plätschern aus dem Flur. Ich springe vom Schreibtisch auf und stürze aus dem Zimmer. Felix steht mit der Gießkanne da und entleert sie auf das schöne Kirschholzparkett.

Ich fahre Felix an, was er sich bloß denke, und entreiße ihm die Gießkanne. Nach dem Aufwischen atme ich durch und betrachte meinen kleinen Sohn. Anders lässt sich die Welt wohl nicht erkunden, man muss Dinge ausprobieren.

Morgen fliegen wir in die USA. Jona sieht auf Youtube, wie eine Frau eine Murmelbahn zusammenbaut und dabei auf Englisch erklärt. Er hört sich das fünf Minuten an, dann sagt er: „Die kann nicht gescheit reden, hm?"

Na, der wird sich umgucken.

Uns steht ein Nachtflug bevor, auf dem wir nicht viel Schlaf bekommen werden, das ahne ich. Gern würde ich etwas vorschlafen. Aber in der letzten Nacht in unseren Betten weckt mich Felix um 4:30 Uhr. Und ist putzmunter.

Man kann dem kleinen Kerl nicht mal böse sein. Weder schimpft er, noch ruft er leidend nach uns. Er ist fröhlich, ab der ersten wachen Minute, und singt wieder einmal Lieder. Mir bleibt nichts anderes übrig, als mit ihm aufzustehen, bevor er noch die anderen weckt.

Einige Stunden später sind wir am Flughafen. Im Minutentakt heben tonnenschwere Maschinen vom Boden ab und steigen in den Himmel hinauf. Ein Geschehen, das nicht nur die Kinder bestaunen.

Wir werden zum Boarding aufgerufen und gehen durch das Gate. In die Brücke, die zu unserem Flugzeug führt, sind Fenster eingelassen, im Näherkommen bemerkt Jona erst, wie groß das Flugzeug ist. Er nimmt meine Hand und fragt bang: „Du passt immer auf mich auf, Papa, ja?"

Ich versichere es ihm. Was er mir zutraut! Als könnte ich in diesem Flugzeug *irgendetwas* bewegen.

Während wir auf die Startbahn zurollen, werden die Sicherheitserklärungen gezeigt: wie die Gurte zu öffnen und zu schließen sind, dass die Erwachsenen sich selbst eine Sauerstoffmaske aufsetzen sollen und dann erst den Kindern und so weiter. Jona zeigt auf die Sauerstoffmaske. „Was ist das?"

Ich erkläre ihm, dass man durch die Maske atmen kann, wenn man husten muss, so wie mit dem Inhalator, den kennt er von seiner letzten Bronchitis. Da hustet ein Mann zwei Reihen hinter uns. Jona krakeelt, stolz, etwas gelernt zu haben: „Der braucht die Sauerstoffmaske!" Die Mitreisenden lächeln.

Jetzt wird uns im Film gezeigt, wie man die Schwimmwesten anlegt und ins Wasser rutscht, wenn wir im Meer notlanden müssen. Ausgerechnet in diesem Moment kommt die Stewardess und fragt freundlich, ob die Kinder noch etwas brauchen für den Start, etwas zu knabbern oder zu trinken. In der Hand hält sie eine gelbe Schwimmweste. Jona fängt zu brüllen an, er weint lauthals. „Ich will nicht ins Wasser!" Offenbar glaubt er, dass er die Schwimmweste anlegen und ins Meer rutschen soll.

Mit Mühe kann ich ihn beruhigen. Dann flammen kleine Bildschirme vor uns auf und zeigen Filme. Die Kinder sehen zum ersten Mal einen Disneyfilm. Ich habe Mühe, sie dazu zu bewegen, beim Start auch mal aus dem Fenster zu gucken. Entrüstet halte ich das Video an. Jona sieht raus, ich zeige ihm, wie klein die Autos geworden sind. Er nickt fachmännisch. Dann sagt er: „Jetzt möchte ich den Film weitergucken."

Als wir schon in 10 000 Metern Höhe sind, gehe ich mit ihm zur Toilette. Sie befindet sich im Bauch des Flugzeugs, man muss eine Etage nach unten gehen. Jona fragt: „Sind wir jetzt noch im Flugzeug?"

Mauersegler fliegen nonstop zehn Monate lang, sie berühren während dieser Zeit kein einziges Mal den Boden. Ornithologen der Universität Lund haben das erforscht und ihre Ergebnisse in *Current Biology* veröffentlicht. Die Vögel landen nur zur Brutzeit bei uns in Mitteleuropa, nach dieser „Pause" beginnt erneut eine zehnmonatige Flugzeit, Anfang August fliegen sie Richtung Afrika. Dass Mauersegler viel in der Luft sind, hatte man bereits länger vermutet, weil man keine Rastplätze von ihnen gefunden hatte.

Wie es den Mauerseglern gelingt, ihr Leben in der Luft zu verbringen, ist noch unbekannt. Sie jagen im Flug Insekten und trinken im Flug, indem sie mit geöffnetem Schnabel dicht über eine Wasseroberfläche hinwegstreichen und den Schnabel eintauchen. Aber wie schlafen sie, ohne abzustürzen? Oder schlafen sie vielleicht gar nicht?

Möglicherweise ist das wie bei Fregattvögeln, die beim Fliegen nur eine Gehirnhälfte einschalten, während die andere schläft, und dann wechseln. Manchmal, wenn doch beide Gehirnhälften eingeschlafen sind, sinkt den Vögeln im Flug kurz der Kopf auf die Brust.

Und wir fliegen mal eben nach Washington, D. C., zu meinem Bruder.

Im Flugzeug bekommen wir Obst von den Stewardessen und kurz vor der Landung noch mal eine Banane für die Kinder. Wir essen sie und nehmen die Bananenschale mit. Wie sieht denn das aus, wenn da eine Bananenschale am Sitzplatz liegen bleibt! Lena verstaut die Schale in der Wickeltasche.

Als wir durch den Zoll gehen wollen, findet uns ein Hund interessant, und der zieht eine amerikanische Polizistin an der Leine hinter sich her. Schnell ist die Bananenschale gefunden. „So etwas dürfen Sie nicht einführen. Sie hätten die Bananenschale im Flugzeug lassen müssen."

„Der Hund hat sie gerochen?", frage ich erstaunt. Ein Hund, der auf Obst abgerichtet ist?

„Ja, er ist dafür trainiert, das zu riechen. Und jetzt muss ich Sie zu ‚Agriculture' schicken. Das dauert, bis Sie die Formulare ausgefüllt haben …" Sie sieht mitleidig auf unsere müden Kinder. „Geben Sie her. Eigentlich darf ich das nicht, aber ich werde die Bananenschale für Sie entsorgen."

Ich danke ihr erleichtert.

Schwieriger als der Flug sind die Tage mit Jetlag. In der ersten Nacht stehen die Kinder um 2:44 Uhr auf und ich notgedrungen mit ihnen. In der zweiten Nacht ist es 3:00 Uhr, in der dritten 3:30 Uhr.

In der vierten Nacht fragt Felix zum ersten Mal in seinem Leben: „Warum?" Wegen des Jetlags schläft er nur bis 4:00 Uhr. Lena gibt ihm ein Milchfläschchen und sagt: „Du musst noch schlafen." Er fragt: „Warum?"

Bei Jona setzt Heimweh ein. Er sagt: „Ich will wieder nach Deutschland."

Ich frage ihn: „Was gefällt dir denn so in Deutschland?"

Seine Antwort: „Das Wohnzimmer."

„Und was noch?", frage ich.

„Die Küche."

„Ich beschütze dich, Papa, wenn Tiger kommen"

Felix geht auf die Leute zu, strahlt sie an, ruft: „Hallo!" Er läuft auf fremde Grundstücke. Besorgt sehe ich mich nach strengen US-amerikanischen Eigentümern um, die mit der Schrotflinte aus ihrem Haus treten könnten, um uns zu vertreiben. Jona ist anders als sein Bruder. Er sagte neulich, als wir mit Freunden einen Indoorspielplatz betraten, mit ablehnendem Zögern in der Stimme: „Hier sind so viele."

Sie haben beide ihre Schwächen und ihre Stärken. Felix lässt seine Gefühle heraus, wenn er gut drauf ist, und bei schlechter Laune auch. Jona kann lange und mit viel Geduld puzzeln oder Steckperlen auf ein Bild sortieren.

Dabei haben wir beide genau gleich erzogen. Sie bekommen das gleiche Essen, haben dieselbe Kleidung an – zuerst Jona und anderthalb Jahre später Felix –, und doch sind sie verschieden.

Vielleicht sollte auch ich mit einigen meiner Persönlichkeitsmerkmale Frieden schließen. Zum Beispiel, dass ich sogar hier, wo ich endlich mal zehn Tage mit meinen beiden Brüdern und ihren Familien verbringen kann, nach einer ersten euphorischen Phase ein Rückzugsbedürfnis verspüre und auf mein Zimmer gehe, um allein zu sein. Seit Claudius in die USA gezogen ist, sehen wir Brüder uns nur noch selten. Kann ich nicht wenigstens diese zehn Tage einmal komplett ausnutzen und immer dabei sein? Ich habe lange Sehnsucht nach meinen Brüdern verspürt. Und jetzt, wo wir zusammen sind, brauche ich Pausen.

Aber das bin ich. So bin ich gemacht. Ich genieße die gemeinsam verbrachte Zeit, und dann muss ich für eine Weile allein sein, um meine inneren Batterien aufzuladen.

Es bringt nichts, jemand anderes sein zu wollen. So oft habe ich mir das gewünscht. Wenn mir in einer Konfliktsituation nichts einfiel, was ich sagen könnte, eine Stunde später aber ganz wunderbare Argumente und Repliken in den Sinn kamen, habe ich davon geträumt, streitlustiger und schlagfertiger zu sein. Ich bin's nicht.

Als Jugendlicher habe ich ganze Stunden damit zugebracht, mir auszudenken, wie ich alle verblüffen könnte: mit großartigen sportlichen Fähigkeiten, die mir keiner zugetraut hätte, oder grandiosem Klavierspiel oder damit, dass mich ein Hubschrauber von der Schule abholt.

Letzten Endes führt all das weg von mir selbst.

Den Kindern will ich beibringen, dass sie sich und ihren Charakter akzeptieren und wertschätzen. Wie langweilig wäre es auf der Welt, wenn wir alle gleich wären.

Kommen wir an einem Grundstück mit bellendem Hund vorbei, greift Jona nach meiner Hand, und ich muss versprechen, ihn zu beschützen.

Aber manchmal ist es auch umgekehrt: Jona springt auf meinen Schoß und umarmt mich, dann sieht er mich prüfend an, so als wolle er die Wirkung seiner Umarmung abschätzen. Er schlingt seine Arme um mich und drückt mich erneut. „Du freust dich, wenn ich dich schmuse, hm?", fragt er. Er streichelt meinen Haarschopf, wie er kurz zuvor das Meerschweinchen seiner Cousins gestreichelt hat.

Das berührt mich tatsächlich: Er will mir etwas Gutes tun.

Er sagt: „Ich beschütze dich, Papa, wenn Tiger kommen."

Ich genieße zauberhafte Momente: Ich beiße Felix spielerisch in die Hüfte, und er krümmt sich vor Lachen, und dann, irgendwann, endet sein wasserfallartiges Lachen, und er wird still und sieht mich aus dem Augenwinkel an wie ein gefährliches Raubtier und sagt leise: „Noch mal."

Am anderen Tag werfe ich ihn hoch in die Luft, gefährlich weit für Lenas Begriffe, und fange ihn wieder auf, vier-, fünfmal. Laut rufe ich dazu: „Hui!" Er juchzt vor Vergnügen. Weil meinen Armen die Kraft ausgeht, stelle ich ihn schließlich wieder auf den Boden. Felix bettelt: „Noch mal hui!"

Jona lädt meinen Bruder Claudius nach Deutschland ein: „Du musst mich besuchen kommen." Als wichtigste Information fügt er an: „Das Kinderzimmer ist oben." Als ginge es bei der Reise aus den USA zu uns ins oberbayrische Hinterland vor allem darum, dass Claudius am Ende in unserem Haus den Weg zu Jonas Kinderzimmer im ersten Stock findet.

Auf dem Rückflug von Washington nach München brüllt Felix das Flugzeug eine Stunde lang zusammen. Er windet sich in meinem Arm, will sich wieder und wieder freikämpfen. Er sieht nicht ein, dass wir diesen unbequemen, lauten Ort nicht verlassen können. Ich schäme mich, weil es ein Nachtflug ist und mittlerweile die Mehrheit der anderen Fluggäste versucht zu schlafen. Sie werden zu Hause erzählen: „Mann, war das ein nerviger Flug. Ein Kind hat die ganze Zeit gebrüllt."

Ich bin wütend auf Felix. Er führt mir meine eigene Ohnmacht vor Augen und blamiert mich vor den anderen Fluggästen. Ich bin nicht in der Lage, mein Kind zu bändigen.

Felix wird in wenigen Tagen zwei Jahre alt, also ist er im Grunde noch ein Einjähriger. Von ihm zu verlangen, dass er versteht, dass man ein Flugzeug in 10 000 Metern Flughöhe nicht verlassen kann, ist zu viel verlangt. Andererseits ist es auch nicht zu viel verlangt, dass ein Kind aufhört, sich aus dem Arm des Vaters zu winden und herumzubrüllen. Habe ich ihn schlecht erzogen? Zu oft seinem Willen nachgegeben? Hier kann ich es nicht, ich kann nicht nachgeben, er wird nachgeben müssen.

Wieso gelingt es mir nicht, Felix zu beruhigen?

Ich erinnere mich an Flüge, als ich noch unverheiratet und kinderlos war. Damals waren es die Kinder von anderen, die mich durch ihr Brüllen wach hielten. Warum erwarte ich, dass mein Kind still ist? Warum habe ich Ansprüche an mich als Vater, die über das hinausgehen, was anderen Eltern gelingt?

Ich werde lernen müssen, meinen Mitmenschen etwas zuzumuten. In diesem Fall ist es Lärm. Ich kann das Geschrei nicht abstellen.

Am Ende gebe ich Felix entnervt an Lena weiter. Sie weiß mit mütterlichem Instinkt, was zu tun ist. Noch mal wickeln, obwohl die Windel nicht voll ist. Wärmer anziehen. Noch ein Fläschchen machen, auch wenn er das letzte schon nicht trinken wollte. Schließlich schläft er auf ihrem Schoß ein. Das ganze Flugzeug atmet auf.

Jona soll baden, will aber nicht. Ich sage ihm, dass er im Flugzeug geschwitzt hat und dass man dann stinkt. „Ich will aber stinken", sagt er.

Gestern nach der Landung waren wir zu müde zum Einkaufen. Meine Schwiegermutter kochte für uns, wir aßen und fielen anschließend in die Betten.

Das heißt allerdings heute, dass ich mit zwei hungrigen Kindern einkaufen gehen muss. Im Supermarkt zählt Jona auf, was ich seiner Ansicht nach kaufen soll – „Erdbeeren, Weintrauben, Honigmelone" –, mit dem Argument: „Das hatten wir schon lange nicht mehr." In der Backwarenabteilung wechselt er die Strategie: „IchwilleineBrezelichwilleineBrezelichwilleineBrezel …"

Felix sitzt diesmal im Kindersitz des Einkaufswagens, ich habe dazugelernt. Neulich hatte ich ihn an der Hand und er zog sich einfach eine Tomate aus dem Gemüseregal und biss hinein. Jetzt angelt er sich aber alles, was ich in den Wagen lege, und beißt hinein. Sogar in die Haferflockentüte. Das Papier gibt seinen kleinen Zähnchen widerstandslos nach, und es schneit Haferflocken. Die eingeschweißten Salamischeiben leckt er ab und ist verblüfft, dass die dünne Verpackung keinerlei Wurstgeschmack hindurchlässt. Den Joghurt muss ich ihm wieder und wieder entreißen. Stattdessen schnappt er sich im Vorbeifahren eine Tüte Gummibärchen und bearbeitet sie mit seinen Zähnen. Ich entwinde sie ihm und lege sie zurück, auch wenn sie etwas ramponiert ist.

Sein Geschrei gellt durch den Laden. Irgendwie schaffe ich es mit beiden Kindern zur Kasse. Felix brüllt unvermindert weiter.

Die Kassiererin fragt einfühlsam: „Was will er denn?"

„Den Joghurt", sage ich.

„Aber den kann er doch halten."

Ha! Natürlich will er den Joghurt nicht *halten*! Er braucht maximal drei Sekunden, dann hat er den Aludeckel aufgebissen, und zwei weitere Sekunden später ist nicht nur sein Mund voll Joghurt, sondern auch seine komplette Kleidung.

Felix wird mitten in der Nacht wach und weint laut. Wahrscheinlich hat er schlecht geträumt. Ich gehe in sein Zimmer und streichle in der Dunkelheit seinen Rücken, bis er wieder friedlich atmet und eingeschlafen ist. Trost spenden zu können, macht mich glücklich.

Felix nascht Butter

Jona will nicht aufessen. Sobald das erste Sättigungsgefühl einsetzt, fällt ihm ein, dass er lieber spielen würde, und er springt auf. Was zur Folge hat, dass auch Felix aufspringt. Also kämpfen wir am Ende der Mahlzeiten darum, dass sie sitzen bleiben. Wir verlegen uns aufs Verhandeln: „Noch drei Löffel", oder: „Wenn du aufisst, gibt es einen Joghurt." Ich zähle ihnen mühevoll Löffel um Löffel hinein.

Heute allerdings, wo wir spät dran sind und Jona gleich zum Kindergarten abgeholt wird, sitzt er protestierend vor der halb vollen Müslischüssel: „Nein, ich möchte erst noch mein Müsli aufessen!" In diesem Tonfall, der Geschrei und Wutausbrüche erahnen lässt, wenn man versuchen sollte, ihn zum Gegenteil zu zwingen.

Später verbringe ich eine schöne, unerwartet kontemplative Zeit mit Felix in der Küche. Ich schäle eine Pomelo und löse die Stücke aus der Haut. Vor Felix steht der Teller, den ich mit den Stücken fülle. Zuerst isst er ein wenig. Dann fängt er an – als sei das seine Aufgabe –, die einzelnen „Tropfen" aus den Stücken zu lösen. Mit welcher Muße sich Kinder einer solchen Aufgabe widmen!

Lange sitzen wir so. Da fällt ihm ein, er könnte mich füttern. Felix füttert gern. Schafe, Rehe, alles, was an den Gehegezaun kommt, wird mit Gras bedient, das er sich aus der Hand fressen lässt. Und weil gerade keine Tiere in der Nähe sind, füttert er eben mich. Er juchzt, als ich ihm wie versehentlich sanft in die Finger beiße.

Jona will unbedingt auf die Lesereise mitkommen. Ich sage ihm, dass es für ihn langweilig werden würde, und verspreche ihm, dass ich ihn mitnehme, wenn er größer ist. „Aber ich mag es, wenn es langweilig ist", fleht er. „Ich will mitkommen. Ich war noch nie mit!"

Eine schöne Vorstellung, ihn eines Tages dabeizuhaben. Und Felix später auch. Sofern sie sich dann noch dafür interessieren. Manchmal sehe ich die Jugendlichen an der Tankstelle mit ihren Bierflaschen in der Hand. So ein trüber Ort. Ich fürchte dann, Jona und Felix könnten eines Tages auch dort stehen und ich könnte Schuld daran sein, weil ich zu sehr mit mir selbst beschäftigt war, um ihnen das Schöne am Leben zu zeigen.

Bald werden die Jungs anfangen, spöttische Kommentare über die Musik abzugeben, die wir hören, sie werden die Augen verdrehen, wenn wir etwas sagen, und Türen zuknallen. Aber sie werden nicht vergessen, was wir zusammen erlebt haben. Wenn sie sich dann für ihren eigenen Weg entscheiden, nehmen sie, hoffe ich, das Gute aus Lenas und meiner Welt mit.

Im Zug piepst zweimal die Digitaluhr eines älteren Herrn in meinem Abteil. Das Stundensignal. So etwas habe ich seit Jahrzehnten nicht mehr gehört. Es weckt in mir Erinnerungen an die Zeit, als Digitaluhren brandneu waren und jedes Kind eine haben wollte. Natürlich hatte auch ich eine, eine von Casio. Damals piepste es bei uns im Klassenzimmer zur vollen Stunde aus jeder Ecke, und weil die Uhren nicht exakt gleich gingen, kam das Piepsen wie ein verzögertes Echo von überallher. Wir waren begeistert, wenn eine Uhr mit Stoppuhr, Licht und Alarm ausgestattet war. Meine Güte, war ich damals mit wenig zufriedenzustellen!

Und in meiner DDR-Kindheit? Hätte ich eine Maschine besessen, die Zeitreisen ermöglicht, und wäre in die Jetztzeit gereist, ich wäre verblüfft gewesen. Milch gibt es nicht mehr in Flaschen, sondern in Tetrapacks. Gemüse ist in Folie eingeschweißt. Die meisten Menschen in der Straßenbahn haben Stöpsel im Ohr und tippen auf kleinen Geräten herum. Damit kann man sogar telefonieren, ohne Wählscheibe und ohne Kabel zur Dose in der Wand. Ein Industriezweig lebt gut davon, in Flaschen abgefülltes Wasser zu verkaufen, das eigentlich aus jedem Wasserhahn gratis kommt. Hätte man mir als Kind erzählt, dass in der Zukunft ein Geschäft mit Wasser in Flaschen zu machen wäre, hätte ich gelacht.

Dass ich mal ein Auto mit elektrischen Fensterhebern besitzen würde! Ich wäre vor Glück umgefallen, hätte ich das gewusst. Und wie viele Bücher ich einmal haben dürfte und sogar selbst welche schreiben würde! Bücher waren immer kostbar für mich, ein Schatz. Sie werden es mein Leben lang bleiben.

Ich erinnere mich an das erste Buch, das ich mir von meinem eigenen Geld gekauft habe: *Wolfsblut* von Jack London, für 10 Mark als gebundene Ausgabe im Sonderangebot. Ich trug es wie ein Heiligtum nach Hause.

Kaufe ich deshalb bis heute so gern Bücher, weil mich jedes Mal ein Anflug dieses Glücksgefühls durchströmt? Etwas Besonderes sind auch die ersten Seiten: Ein neues Buch zu beginnen fühlt sich für mich jedes Mal an wie der Beginn einer abenteuerlichen Reise.

Woran werden sich Jona und Felix später einmal erinnern? Werden sie dieses Buch lesen, wenn ich nicht mehr lebe und nur noch ein Grabstein an mich erinnert? Ich hoffe, sie spüren dann in sich noch die Liebe, die ich für sie empfunden habe.

Um 5 Uhr weckt Felix mich mit hartnäckigem Rufen. „Papa! Papa!" Ich versuche, ihn mit einer Flasche warmer Milch zum Weiterschlafen zu bewegen, aber es ist nichts zu machen. Wieso braucht er nur so wenig Schlaf?

Nachdem er gestern endlich eingeschlafen war, wollte ich ein wenig „Feierabend" haben, wollte mir selbst beweisen, dass ich frei bin und nicht in ein Zeitkorsett gepresst. Also habe ich einen Film geguckt. Halb elf war ich im Bett. Mir reichen aber sechseinhalb Stunden Schlaf nicht. Zumal Lena eine billige Daunendecke von Aldi hat, die bei jeder ihrer Bewegungen raschelt, als gäbe es ein Gewitter.

Andererseits kann ich verstehen, dass Felix mit so großer Begeisterung aufsteht. Was ihn an einem einzigen Tag alles erwartet!

Er wird im Garten nach Regenwürmern graben. Wird neue Wörter lernen und damit seinen Aktionsradius erweitern. Er wird, wenn Lena und ich einmal nicht aufpassen, in die Küche schleichen, die Butterdose von der Anrichte ziehen und ein Stück Butter verzehren. Wahrscheinlich wird er später mal Koch mit einer Spezialisierung auf die französische Küche, Felix liebt Butter, er nascht bei jeder Gelegenheit davon.

Er wird mit Perlenschnüren, die er in dünne Flaschenhälse einfädelt, seine Geschicklichkeit trainieren. Wird auf dem Laufrad ums Haus sausen und seinen Bruder jagen. Wird den Arbeitern auf einer Baustelle, an der wir vorüberkommen, lauthals „Hallo!" zurufen, und sie werden vom Baugerüst fröhlich „Hallo!" zurückrufen. Er wird an unserem Zaun hochklettern und vorbeikommenden Leuten in seinem Kinderkauderwelsch erzählen, dass er gerade nach Regenwürmern gräbt.

Warum sehen meine Tage nicht so aus? Aufzustehen im ersten Sonnenschein und zu wissen, der Tag liegt vor mir wie ein neues Leben. Auch ich kann eine neue Sprache lernen, vielleicht schaffe ich nicht jeden Tag so viele Wörter wie Felix, aber ein Wort sicher. Ich kann mir ein neues Buch kaufen und es lesen. Kann mir aus der Tageszeitung die spannendsten Artikel aussuchen. Und am Abend laden wir Freunde ein.

Jona brachte neulich die Weltzugewandtheit der Kinder auf den Punkt. Er sagte: „Ich mag alles." Was für eine Aussage! In seiner Begeisterung versuchte er, konkreter zu werden: „Pilze und Buchstaben und Zahlen …"

Astrid Lindgren lässt es Pippi Langstrumpf so ausdrücken: „Die ganze Welt ist voll von Sachen, und es ist wirklich nötig, dass jemand sie findet."

Er lässt sich ein auf die große fremde Welt

Kinder denken noch nicht in denselben Kategorien wie wir. Zum Beispiel ist ihnen der Ablauf der Zeit fremd.

Jona fragt beim Frühstück: „Du hast eine Narbe, stimmt's, Papa?"

Ja, sage ich und zeige sie ihm, beim rechten Auge.

„Da bist du mit dem Fahrrad hingefallen, stimmt's?"

Ich bejahe.

„Wo bist du da hingefahren?"

„Zur Schule. Ich war damals noch ein Kind."

„Und hat es dir auch am Knie wehgetan?"

Die Jungs haben ein Buch, wo ein Kind hinfällt und sich das Knie aufschlägt. „Nein", sage ich, „nur im Gesicht hat es wehgetan. Mir lief das Blut über die Wange."

„Und hast du geweint?"

„Nein, weil ich so erschrocken war. Das nennt man Schock. Aber ich musste ins Krankenhaus."

„Kannst du mal ein Foto machen, wie das aussieht? Ich will das gerne sehen."

„Davon gibt es kein Foto, und ich kann auch keines machen, Jona, das ist doch lange her, da war ich noch ein Kind."

„War ich dabei?"

Mein Lieber, da war an dich noch nicht zu denken …

Jona ist Stubenhocker wie ich. Er sagt: „Die Sonne blendet, wir müssen wieder reingehen."

Wir überreden ihn zu einem Spaziergang. Ich will den Kindern ein Schiffchen bauen, das wir auf der Rott fahren lassen können, dem Fluss in Sichtweite unseres Hauses. Wenn man ein Schiffchen bauen will, betrachtet man die Welt beim Spazierengehen mit anderen Augen. Ich suche rechts und links am Wegrand nach langen Gräsern, heruntergefallenen Zweigen, nach Stöckchen. All das binde ich zusammen. Früher, in meiner Kindheit, haben wir mehrere solcher Gebinde zu einem Floß verknüpft, dann einen Stock daraufgestellt und als Segel ein Blatt aufgespießt. Heute sind die Kinder zu ungeduldig. Wir werfen einfach das Gebinde als „Schiffchen" in den Fluss. Begeistert sehen sie zu, wie es davonfährt.

Dann werfen wir von einer Brücke Steine ins Wasser. Jona sagt: „Die sind traurig, die Steine."

Ich frage verwundert nach.

„Weil sie im Wasser sind." Er grübelt. „Aber die haben keine Augen und keinen Mund."

Na, da wäre ich auch traurig, wenn ich keine Augen und keinen Mund hätte und im Wasser liegen müsste.

Zu Hause steht auf dem Tisch ein gläserner Krug, in den Lena Petersilie gestellt hat, um sie frisch zu halten. Ein Stiel ist zu kurz abgeschnitten, seine Blätter hängen herunter, weil sie kein Wasser abbekommen. Jona sagt voller Mitgefühl: „Die Blume ist traurig." Er zieht den welken Petersilienstiel heraus. „Ich tröste sie." Er schmiegt die Petersilie an seine Brust wie ein Kuscheltier, sehr behutsam, um sie nicht zu zerdrücken. Zuerst denke ich, dass er scherzt, aber er meint es ernst. Nach einer Weile stellt er die Petersilie zurück in den Krug. Als ich ihm erkläre, dass sie Wasser braucht, schiebt er sie fürsorglich tiefer hinein, bis der Stiel unten ins Wasser reicht.

Jona erzählt nach dem Aufwachen, dass man an seiner Zimmerwand „Bahnübergang" gucken kann. Das ist ein Video, das er bei Youtube liebt. Wir sagen ihm, er habe geträumt. Ärgerlich widerspricht er: Das hat er nicht geträumt, es geht wirklich! Er läuft runter ins Wohnzimmer und holt die Fernbedienung. Ich folge ihm in sein Zimmer.

Er sagt, er zeige es mir schon. Also mache ich mit, ich will sehen, wie er reagiert, wenn trotz der Fernbedienung kein Film auf der Wand erscheint.

Oben drückt er einen Knopf und sagt dann selbstbewusst: „Schau, der Bahnübergang."

Ich spiele mit und staune über den Bahnübergang an der Wand.

„Was willst du jetzt sehen?", fragt er mich.

Ich wünsche mir die *Sendung mit der Maus*.

„Auf der drei", sagt er souverän und drückt die Taste mit der Nummer drei auf der Fernbedienung. Wir setzen uns aufs Bett,

Felix, Jona und ich, und decken uns zu. Jona möchte Pilze sehen, er schaltet um. Felix scheint auch etwas zu „sehen", er sagt, er wolle keine Pilze, er wolle Igel sehen.

Jona gibt nach und zeigt Igel. Er erklärt mir, was auf der Wand zu erkennen ist, ganz seltene Igel seien es. Dann zaubert er eine Murmelbahn auf die Wand. Er ist glücklich. „Den ganzen Tag an der Wand schauen", wünscht er sich.

Felix ist zurzeit ein Papa-Kind, will an meiner Hand gehen und bei mir sein. Wenn Lena kommt, sagt er streng: „Nein!" Abends will er in meinem Bett einschlafen. Ich trage ihn nachts rüber in Jonas Bett.

Zu sehen, wie mein dreijähriger Sohn zärtlich auf der Wiese ein Gänseblümchen pflückt, ist herzanrührend. Ich habe selbst als Kind oft Gänseblümchen gepflückt, ich weiß noch, wie der Strauß heiß wurde in meiner Hand. Wir gingen dann mit den Blumen zu den Nachbarn und versuchten, sie ihnen zu verkaufen.

Ich gehe wieder rauf an den Schreibtisch, ganz beschwingt, Jona bleibt draußen in unserem Vorgarten. Zehn Minuten später klingelt er. Diesmal hat er einen Strauß Krokusse in der Hand. Die sollten doch stehen bleiben!

Ich erinnere mich, wie die Nachbarin damals zu mir sagte: „Nicht die ganzen schönen Blumen abpflücken."

Matze, mit dem ich zur Schule gegangen bin, kommt heute aus Hamburg zu Besuch und wird bei uns übernachten. Ich erzähle den Kindern immer wieder von ihm, um sie vorzubereiten. Endlich klingelt es. Jona macht die Tür auf, und Matze, für ihn ein fremder Mann, sagt: „Hallo, ich bin Matthias."

Enttäuscht runzelt Jona die Stirn und sagt, ohne ihm den Weg in die Wohnung frei zu machen: „Ich mag aber lieber, dass Matze kommt."

Jona sagt: „Ich will mal die ganze Welt anschauen, wenn ich groß bin." Diese Lust am Leben. Diese Entdeckerfreude. Er lässt sich ein auf die große fremde Welt, er will ihre Fremdheit überwinden, will dazulernen und sie erobern und Freundschaft mit ihr schließen.

Weltentdeckerlust verspüre ich an guten Tagen auch, dann interessiert mich alles, und ich bin bereit, den Menschen und Dingen zu begegnen, sie zu erforschen, sie zu lieben. An schlechten Tagen habe ich keine Lust auf die Welt. Ich bin stumpfsinnig, eine traurige Nummer. Ich fühle mich winzig und möchte nicht angesprochen werden.

Einen Atlas hat Jona schon, den wollte er bei der Uroma unbedingt haben. Seitdem fragt er oft, ob wir gerade die gelbe Straße fahren, und will nach Autofahrten die Strecke im Atlas mit dem Finger nachfahren.

Die Würde, selbst aufstehen zu können

Felix kam heute Morgen zum ersten Mal eigenständig aus seinem Zimmer. An seinem Gitterbett fehlen zwei Stangen, durch diese Lücke muss er hinausgekrochen sein. Dann hat er sich auf Zehenspitzen nach der Türklinke ausgestreckt, hat die Tür geöffnet und ist hinausgetreten. Die Eigenständigkeit macht ihn stolz. Und das zu recht. Es hat eine gewisse Würde, selbst aufstehen zu können.

Er spricht neue Wörter. Dass er sprechen lernt, ermöglicht es mir, ihn besser kennenzulernen. Felix sagt: „Make Wiegwag." Das könnte zwar auch Indianisch sein, aber ich weiß, es heißt: „Ich möchte bitte einen Zwieback haben."

Als wir durch die Stadt fahren, sagt er: „Make Autos."

„Autos gefallen dir?", frage ich.

„Okay", sagt er. Seit wir in den USA waren und er seine Cousins sprechen gehört hat, sagt er nicht mehr „ja", sondern nur noch „okay". Das Wort gefällt ihm.

Jetzt fahren wir über Land. Felix ruft: „Schau mal, Pferd!"

Jona belehrt ihn: „Da ist kein Pferd."

„Pferd", insistiert Felix.

„Da ist kein Pferd."

„Da is Pferd!"

Jona bleibt ruhig. Er klingt sehr erwachsen. „Nein, da ist kein Pferd."

Gerade diese herablassende Ruhe seines Bruders lässt Felix aus der Haut fahren: „MEIN PFERD!"

Auch mich meint Jona überwachen zu müssen. „Pass auf, dass wir nicht zusammenstoßen", sagt er.

„Ich passe auf."

Jona erklärt: „Wenn wir zusammenstoßen, ist das Auto kaputt." Kurz darauf ruft er: „Stehen bleiben! Da vorn ist rot!"

Die Knöpfe im Fahrstuhl des Einkaufszentrums sind so niedrig angebracht, dass sogar Felix dran kommen kann. Wahrscheinlich, damit auch Rollstuhlfahrer sie erreichen können. In langweiliger schwarzer Farbe sind sie mit U1, U2, E, 1 und 2 beschriftet.

Ganz unten gibt es allerdings einen spannenden Knopf, auf dem mit schöner gelber Farbe eine Glocke abgebildet ist. Ich hechte hin und kann gerade noch Felix' Hand zurückreißen. Statt der Glocke drücke ich U1, wo ich unser Auto geparkt habe. Die Metalltüren schließen sich. Ich sehe mich nach Jona um und stelle entsetzt fest, dass nur Felix bei mir im Fahrstuhl ist. Jona war doch mit reingekommen! Panisch drücke ich den Knopf fürs Türenöffnen. Ich stelle mir vor, wie wir abwärtsfahren und Jona oben verzweifelt vor den verschlossenen Fahrstuhltüren weint. Oder wie er sich ins Getümmel des Einkaufszentrums stürzt und versucht, allein die Treppe zu finden. Er würde hoffnungslos verloren gehen.

Zum Glück öffnen sich die Türen. Schuldbewusst tritt Jona in den Fahrstuhl und sagt: „Ich wollte noch mal drücken." Er meint wohl den Knopf draußen, der den Aufzug herbeiruft. Felix hatte ihn gedrückt, und das ging ja nicht. Jeden Knopf muss man selbst gedrückt haben.

Zu Hause hat Felix sein Glas am Tischrand abgestellt. In den vergangenen fünf Tagen haben uns die Kinder mehrfach Geschirr zerschmissen. Ich schiebe das Glas ein Stückchen vom Rand weg. Felix sieht mich böse an. „Nein, so!", sagt er und zieht es zurück bis an die Tischkante. Ich erkläre ihm, warum es da nicht stehen darf, und schiebe es wieder fort. Er zieht es erneut heran und sagt noch schärfer: „Nein, so!"

Felix hat so viele PS unter der Haube, dass er selbst gar nicht richtig damit umgehen kann. Ich tröste mich mit dem Gedanken, dass er wohl mal Chef werden wird. Oder Bundeskanzler.

Die Kinder kommunizieren ständig. Entweder weisen sie mich auf wichtige Dinge hin: „Papa, ein Bagger!" „Eine Feuerwehr." „Ein Zug! Ein Zug!" Oder sie fragen mich elementare Weisheiten ab: „Erst werde ich vier, dann werde ich fünf, Papa, stimmt's?" Wenn sie nicht mit Lena oder mir kommunizieren, reden sie mit ihren Spielsachen, was oft niedlich ist. Und wenn sie überhaupt nicht reden, dann singen sie: „Backe, backe, Kuchen", „Tututut, die Eisenbahn".

Lenas Schwester Sarah passt auf die Kinder auf, Lena und ich gehen essen. Es ist herrlich, sich konzentriert zu unterhalten, sich beim Essen anzulächeln, nicht überwachen zu müssen, was die Kinder so anstellen.

Nach einer halben Stunde fällt mir auf, dass wir eigentlich die ganze Zeit von ihnen reden. Ich muss über uns lachen. Und das, wo wir endlich einmal frei haben! Aber sie lassen uns auch jetzt nicht los, ihre Eigenheiten, ihre Erlebnisse. Wie Felix neuerdings „Machst duuuu?" sagt, mit hochgezogenem U, und wie Jona beim Zahnarzt brav mitgemacht hat und der Zahnärztin anschließend stolz zeigen musste, wo auf der Karte an der Wand Marne liegt, der Ort, in dem meine Eltern wohnen.

Lena seufzt und sagt: „Ist doch verrückt, wie nah das Schöne und der Wahnsinn beieinanderliegen."

Jona ist krank. Er hat sich heute Nacht übergeben, dann noch mal am Morgen, und gerade hat er erneut über mich erbrochen, obwohl wir ihm nur Tee und Zwieback geben. In diesem Moment klingelt der Postbote an der Tür, ich sehe das gelbe Auto draußen. Was tun? Ich öffne, und der Postbote tut höflich, als würde er meine derangierte Verfassung nicht bemerken, und übergibt mir die Post. Wir verabschieden uns, ich schließe die Tür wieder.

Die Kindergärten kalkulieren ihre Gruppenstärken wahrscheinlich schon so, dass immer die Hälfte der Gruppe krank ist. Felix ist neu im Kindergarten. Ein Schild am Gruppenraum warnt: „Wir haben sehr starken Husten, Bindehautentzündung und Läuse." In Jonas Gruppe geht währenddessen Keuchhusten um. Und meine Impfung ist abgelaufen.

Arbeit

Ich rasiere mich, etwas, das ich nicht jeden Tag tue. Felix sieht im Bad staunend zu mir hoch. Dann fragt er: „Machst du?" Ich erkläre ihm, dass ich den Bart rasiere. Er will den brummenden Rasierapparat auch mal fühlen, schreckt schließlich aber doch davor zurück.

Jona kommt von draußen rein. „Papa, ich habe eine Hummel gesehen!"

„Das ist aber schön", sage ich. „Ich liebe Hummeln."

„Zu spät!", sagt er streng. „Jetzt ist sie schon weggeflogen." Und schon geht er wieder raus.

Am nächsten Tag hängt Jona wie ein Waschlappen über der Sessellehne. Ich frage ihn, was los sei. Er sagt, er sei traurig, weil er heute nicht Geburtstag habe.

„Weißt du denn, wann du Geburtstag hast?", frage ich ihn.

„Am siebten August", sagt er im Beerdigungstonfall. „Kann ich nicht heute Geburtstag haben?"

Später ist „Übergabe". Lena ist für die Kinder zuständig und ich gehe die Treppe hinauf ins Büro. Jona klammert sich an mein Bein, ich soll nicht hochgehen, er will doch so gern seine neue Murmelbahn haben! Die hat er sich zum Geburtstag gewünscht.

Ich erkläre: „Ich muss erst Geld verdienen, damit wir die Murmelbahn kaufen können."

Das sieht er ein und lässt mich gehen. Er freut sich sogar ein wenig.

Oben im Büro stelle ich fest, dass meine Brille schmutzig ist. Es ist immer gefährlich, das Büro zu verlassen. Draußen ergeben sich meist Aufgaben wie das Anziehen der Kinder, Wickeln, Füttern, das Waschen ihrer Hände, die Reparatur eines Spielzeugs. Ein „Ausflug" von wenigen Minuten dehnt sich so zu einer halben Stunde aus. Ich zögere. Dann gehe ich aber doch noch mal die Treppe runter, um in der Küche die Brillengläser zu reinigen.

Unten erwartet mich freudestrahlend Jona: „Hast du jetzt das Geld verdient?"

Tja, mein Kleiner. Wenn das so schnell gehen würde …

„Ich will dir mal zuschauen bei der Arbeit", sagt er. „Das habe ich noch nie gemacht."

Von wegen. Er ist jeden Tag zehnmal bei mir im Büro und will etwas. Aber vermutlich denkt er bei „Arbeit" an seinen Opa, der Tischler ist und den er schon mehrfach in der Werkstatt beim Sägen und Hobeln beobachten konnte. Ich erkläre ihm: „Da sieht man nicht viel. Ich schreibe Bücher. Das ist meine Arbeit. Ich erzähle Geschichten." Jetzt kommt es mir selbst eigenartig vor. Das soll meine Arbeit sein? Damit ernähre ich uns vier? Ich sitze am Schreibtisch und bringe Buchstaben zu Papier.

Jona kommt wieder und wieder ins Arbeitszimmer und fragt mich, ob ich für die Murmelbahn arbeite. Er glaubt, dass ich jeden Tag nur für seine Murmelbahn am Schreibtisch sitze. Eines Tages wird es ihm eigenartig vorkommen, dass sein Vater zu Hause sitzt und tippt. Vielleicht wird er glauben, dass es für einen richtigen Beruf nicht gereicht hat.

Selbst wenn ich im Manuskript gerade nicht weiterkomme und ins Internet ausgewichen bin, um die Branchennachrichten zu lesen, tritt er neben mich, sieht auf den Bildschirm und sagt: „Du schreibst für die Murmelbahn, stimmt's, Papa?"

In unserer Kirchengemeinde steht den Kindern ein großer Raum zur Verfügung, wo sie während des Gottesdienstes spielen können. Erst ab einem Alter von vier Jahren wird ihnen ein eigenes Programm geboten. Heute bin ich an der Reihe, die Kleinen zu beaufsichtigen. Jona will „Familie" spielen. Er ist der Papa, ich bin das Kind. Er sagt, er gehe zur Arbeit, und wandert zu einer entfernten Wand am anderen Ende des Raums, er sei auf einer Lesung, erklärt er. Dann kommt er zurück und springt mir in die Arme. „Ich hab dich vermisst!", ruft er theatralisch.

Eine Freundin nimmt Lena und ihre Schwester auf einen Ausritt mit. Mit Pferden hat Lena wenig Erfahrung. Als sie heimkehrt, erzählt sie mir begeistert, dass das Pferd auf sie gehört hat: „Wenn ich die Zügel rangezogen habe, ist es jedes Mal stehen geblieben, und es ist getrabt, wenn ich das wollte."

Wir sehen uns an und müssen lachen, weil wir dasselbe denken. Wäre das toll, wenn unsere Kinder so gehorsam wären!

Felix kann oder will nicht unterscheiden zwischen vergnügtem Gejagtwerden und strengem „Stop!". Beim Essen bohrt er den Finger in die Butter und wirft Nudeln ins Trinkglas. Sehr beliebt ist die Treppe in unserem Haus. Da werden wahlweise Plüschtiere runtergeworfen (schön leise), Matchboxautos (ein Riesenkrach) oder Hunderte Steckperlen. Schimpfen ist fruchtlos. Schimpfe ich nicht oft genug? Oder nicht glaubwürdig?

Heute waren wir bei einer befreundeten syrischen Familie zu Besuch. Deren Kinder halfen in der Küche mit, servierten das Essen, und auf ein strenges Kommando des Vaters hin verließen sie den Raum, damit wir Erwachsenen reden konnten. Es sind trotzdem fröhliche, ausgelassene Kinder. Der Vater ist in ihrer Familie eine Respektsperson. Eine verlockende Vorstellung. Aber ich möchte nicht, dass Jona und Felix mich fürchten.

Ich war ja selbst in der Schule unfähig, Befehle zu befolgen, obwohl sie mir immer Spaß gemacht hat. Ich liebte es, Neues zu erfahren. Der klassische Streber, der dem Lehrer die Tasche trägt, war ich allerdings nicht – eher bin ich den Lehrern auf die Nerven gefallen durch mein ewiges Nachfragen und meinen Unwillen, ihre Anordnungen zu befolgen. Wenn es hieß: „Stift und Papier herausholen zum Mitschreiben", musste ich aus einem inneren Zwang heraus fünf Minuten warten und holte dann erst das Schreibzeug aus der Tasche, damit ich es nicht getan hatte, weil es mir befohlen worden war. Die Vorstellung, fremdgesteuert zu sein, war mir zuwider.

Einmal hatten wir einen Vertretungslehrer in Mathematik, der sich wunderte, weshalb bei mir im Gegensatz zu allen anderen kein Heft auf dem Tisch lag. Die Klasse rief im Chor: „Der schreibt nie mit!"

Ich musste gleich zur Strafe an die Tafel.

Lena fasst unseren derzeitigen Lebensmodus zusammen: „Hallo. Tschüss. Wer nimmt die Kinder? Ich muss mein Zeug schaffen."

Der Schrei nach Freizeit

Jona sagt: „Gott hat alle meine Bücher ausgeräumt." Dann lacht er schelmisch. Das Prinzip der Schuldverschiebung lernen Kinder wohl von allein.

Nach dem Zähneputzen nascht er in einem unbeaufsichtigten Moment Schokolade. Lena erwischt ihn und schimpft. Er weiß, dass er etwas Verbotenes getan hat, und verteidigt sich beschämt: „Ich wollte nur probieren." Seine Schokofinger wischt er dabei am frischen Pyjama ab, als könne er die Tat damit ungeschehen machen.

Am nächsten Tag backt Lena mit den Kindern Plätzchen. Sonst backt sie nach eigenen Rezepten, diesmal soll es eine Backmischung sein. Die Kinder stehen auf Stühlen an der Anrichte, das Pulver ist bereits in der Schüssel. Da greift Felix, der sie anscheinend gut beobachtet hat, nach dem Drehknopf und stellt das Mixgerät auf die höchste Stufe. Das Gerät jault auf und wirbelt das Pulver in die Luft. Felix ist von Kopf bis Fuß mit braunem Pulver bedeckt, nur Augen und Mund sind noch zu sehen. Ich trage ihn zur Badewanne und ziehe ihn aus. Sein Po ist gezuckert, selbst in die Windel haben es die Zutaten geschafft.

Wie geduldig und aufmerksam Felix vor dem Zaun eines fremden Grundstücks steht und den schlafenden Hund beobachtet, der dort auf dem Fußabtreter vor der Haustür liegt. Der Wind spielt mit dem Fell des Hundes, und jetzt blinzelt er, öffnet müde die Augen, ohne auch nur eine Pfote zu rühren oder den Kopf zu heben. Felix juchzt vor Freude. Der Hund schließt die Augen wieder, während Felix ihn weiter neugierig beobachtet. Als der Hund erneut blinzelt, bricht Felix in Jubel aus. Im Moment gibt es nur ihn und diesen schläfrigen Hund.

Ähnlich groß ist die Freude, die Jona und Felix an einem Huhn haben, das hinter einem fremden Gartenzaun entlangstolziert. Sie versuchen, es mit einem Blatt anzulocken, das sie ihm durch das Zaungitter entgegenstrecken. Als das Huhn seine gluckenhaften Laute von sich gibt, lacht Felix so begeistert, dass er sich nach hinten biegt und das Gesicht in den Himmel streckt.

Felix hat Jona gebissen, ich schimpfe mit ihm. Er wehrt sich: „Auch aua."

„Hat Jona dich gehauen?", frage ich, schon schwankend.

„Ja."

„Nein, hab ich nicht!" Jona macht ein erschrockenes Gesicht.

Daraufhin grinst Felix schadenfroh: „Jona bissen. Dolle aua." Er ist stolz auf seine Tat.

Ich gebe Lena die Aufzeichnungen zu diesem Buch. Sie lacht viel beim Lesen, was mich freut. Dann aber sagt sie: „Wenn man das liest, könnte man meinen, du seist ein alleinerziehender Vater."

Lena ist gut darin, den Nagel auf den Kopf zu treffen, was meine Bücher angeht. Beim Vorgängerbuch *Glück hat tausend Farben* fragte sie, während ich daran schrieb, wovon das neue Buch denn handelt, und ich sagte, davon, mehr Ruhe im Leben zu finden und es mehr zu genießen.

„Na, da spricht ja der Richtige", sagte sie.

Und sie hatte recht. Ich bin kein geduldiger Mensch. Bei Brettspielen bin ich es, der die anderen ermahnt: „Hallo, du bist dran! Weiter geht's!" Ich kann es nicht leiden, wenn die Spieler ins Plaudern geraten und am Ende keiner mehr weiß, wer eigentlich an der Reihe war.

Im Restaurant schlage ich die Karte auf und entscheide sofort, was ich essen will. Von da an warte ich sehnsuchtsvoll darauf, dass die anderen ebenfalls ihre Karte zuklappen. Ich kann es nicht ertragen, wenn andere ihr Essen erhalten, obwohl sie nach uns ins Restaurant gekommen sind.

Ich bin kein geduldiger Mensch. Aber gerade deshalb musste ich ein Buch wie *Glück hat tausend Farben* schreiben. Ich musste festhalten, was sonst so flüchtig für mich wäre, und mich selbst daran erinnern, das Leben in seinen vielen zarten Facetten zu schätzen.

Und dieses Buch, *Das Glück hat kleine Schokofinger*? Manchmal habe ich Angst, Lena könnte bei einem Autounfall sterben. Sie betreut die Kinder die meiste Zeit des Tages, sie cremt sie ein – ich hasse die schmierigen Finger beim Eincremen und meide

Creme –, sie zieht sie an, zieht sie aus, wäscht ihnen die Haare und hat noch dann Geduld für die Jungs, wenn meine schwindet. Sie schmust abends mit ihnen, wenn sie nicht einschlafen können, und singt ihnen mit ihrer wunderbaren, liebevollen Stimme Lieder. Lena beschafft die Kleidung für die Kinder. Wenn ich sie anziehe, lacht sie oft und korrigiert meinen Versuch, weil ich probiert habe, Jona etwas von Felix anzuziehen, und weil ich nicht wusste, wo sich im Schrank das Passende befindet.

Als alleinerziehender Vater würde ich wahrscheinlich scheitern. Ich bin heilfroh, keiner zu sein. Würde Lena ein Buch über unsere Jungs schreiben, wäre es dreimal so dick, weil sie viel mehr mit ihnen erlebt.

Aber zu schreiben, ist nicht ihre bevorzugte Ausdrucksform. Ich fürchte, wenn jemand wissen will, wie es ihr mit den Kindern geht, muss er sie selbst fragen.

Habe Felix dabei erwischt, wie er vor dem Spiegel steht und jammert und wütet und prüfend seine Wirkung im Spiegel begutachtet. Das kann nur eines heißen: Er lädt seine Waffe nach.

Ich muss zum Zug, habe eine neunstündige Zugfahrt nach Wilhelmshaven vor mir. Viermal muss ich umsteigen, es darf nichts schiefgehen. Lena will mich mit den Kindern zum Bahnhof bringen. Die Zeit drängt, Jona soll sich eilig anziehen. Stattdessen zeigt er mir stolz, dass er auf einem Bein hüpfen kann.

Felix erzieht die Regenwürmer

Felix gräbt mit einer kleinen Schaufel im Beet nach Regenwürmern. Er ruft freundlich: „Regenwurm, wo bist du?"

Als er keinen findet, wird er energisch: „Komm her!"

Schließlich schimpft er: „Komm her! Jetzt ist Schluss!"

Ich entdecke mich in seinem Tonfall wieder. Er erzieht die Regenwürmer so, wie ich ihn erziehe.

Jona gießt gerade die Blumen. Felix will es ihm nachmachen. Er geht hin, greift nach der Gießkanne und behauptet: „Disis meins!" Schon geht der Streit los. Jagt es ihm keine Angst ein, einen Größeren herauszufordern? Mir scheint, er hält sich selbst für stärker, als er ist.

Abends liegen die zwei wieder zusammen in einem Bett, friedlich aneinandergeschmiegt. Es ist deutlich, dass sie sich gegenseitig brauchen. Schade, dass ich im Dunkel des Kinderschlafzimmers kein Foto machen kann. Ich sauge den Anblick in mich auf.

Wir haben eine DVD auf dem Wohnzimmertisch liegen lassen. Jona zeigt auf die FSK-Freigabe und erklärt mir: „Den Film darf man schauen, wenn man null ist. Aber wie wird man null?" Verwirrt guckt er mich an.

Ich poste diese Frage auf Facebook. Katrin Grieco schreibt, sie habe ihre Kleine gefragt und zur Antwort erhalten: „Null wird man, wenn man kein Gemüse mehr essen muss. Dann wird man immer zwanzig Zentimeter kleiner und dann kann man das gucken. Also das glaube ich wenigstens."

Jona betet, ganz leise und für sich: „Danke für das schöne Essen, und Bescheid, dass ich nicht sterbe, und danke, dass die Schmetterlinge fliegen. Amen."

Felix will kein Lätzchen anziehen. Er wehrt sich mit vollem Krafteinsatz, windet sich, duckt sich weg. Als ich es ihm endlich übergestreift habe, brüllt er verzweifelt und zieht es sofort wieder über den Kopf. Dabei haben wir aus strategischen Gründen Jona ebenfalls eines angezogen, auch wenn seine Kleidung nach dem Essen nicht halb so verschmiert ist wie die von Felix. Es ist nutzlos. Felix will kein Lätzchen tragen.

Eine neue Strategie muss her. Ich nehme Felix den Teller mit der Pizza weg und sage ruhig, aber bestimmt: „Zieh das Lätzchen an. Dann kriegst du deine Pizza."

Er schmollt. Ich darf ihn nicht ansehen, darf das Lätzchen, das vor ihm auf dem Tisch liegt, nicht berühren, darf nicht mit ihm sprechen.

Wir anderen essen. Immer wieder rede ich liebevoll auf Felix ein. Nichts zu machen. Aber er soll essen. Nach zehn Minuten streife ich ihm noch mal das Lätzchen über. Er brüllt vor Wut. Ich nehme ihn auf meinen Schoß. Er weint und sträubt sich. Als ich ihn zurück auf die Bank heben will, zieht er die Beine an und weint noch lauter, er will auf meinem Schoß bleiben. Ich glaube, er ist mit seinem eigenen starken Willen überfordert.

Nun trägt er also ein Lätzchen und sitzt leise jammernd auf meinem Schoß. Ich biete ihm Pizza an. Er kneift den Mund zu. Essen will er nicht. Nicht mit aufgezwungenem Lätzchen. Also wiege ich ihn sacht und summe ein Lied für ihn. Irgendwann beruhigt er sich.

Ich hebe ihn rüber zur Küchenbank, und er sitzt jetzt dort mit dem Lätzchen um den Hals und weint nicht mehr und wirft prüfende Blicke zum Teller mit Pizza, den ich ihm hingestellt habe. Sobald er bemerkt, dass ich ihn beobachte, tut er so, als würde ihn die Pizza nicht interessieren.

Erst als ich mich abgewandt habe und mit Lena rede, fängt er an zu essen. Allmählich steigt seine Stimmung. Er ist wieder der Alte, macht Faxen, lacht, isst den Teller leer und fordert Nachschub an.

Jona sagt: „Ich liebe Dinosaurier." Das muss er aus dem Kindergarten haben. Neuerdings bringt er von dort Themen mit nach Hause. „Wenn die ausgestorben sind, ist nur noch das Skelett da", erklärt er mir.

Er leiht sich aus der Bibliothek eine DVD über Dinosaurier aus. Felix will mitschauen, aber ich denke, der Tyrannosaurus Rex ist noch nichts für ihn. Deshalb bugsiere ich ihn aus dem

Wohnzimmer und sage: „Das ist für dich zu gruselig." Felix protestiert: „Make gruselig! Make gruselig!"

Die Kindergärtnerin entschuldigt sich dafür, dass Felix Sand gegessen hat. Wenn sie wüsste, dass er bei uns zu Hause das Tuschfarbenwasser trinkt, Tulpenblätter isst und in eine ungeschälte Avocado beißt, um die Schalen anschließend mit angewidertem Gesichtsausdruck wieder auszuspucken ...

Heute hat er sich selbst die Windel ausgezogen. Ich komme gerade rein, als er nackt auf dem Sofa steht und auf die Sitzfläche pinkelt.

Ungebremste Kreativität

Schauspieltalent haben beide. Jona sitzt zum Beispiel vor seiner Müslischüssel und kann so verzweifelt ausrufen: „Wo sind meine Cranberrys?", dass man in Tränen ausbrechen möchte. Die Cranberrys hat er längst aufgegessen und hofft, Nachschlag zu erhalten, indem er mein Mitleid erregt. Kunstvoll inszeniert er aus einer Kleinigkeit ein weltbewegendes Drama. Das muss man bewundern.

Bringen wir abends die Kinder ins Bett und trösten sie damit, dass sie morgen weiterspielen können, heult Jona auf: „Aber das dauert so lange!"

Und Felix? Seine Wutausbrüche sind legendär. Das Schauspieltalent äußert sich bei ihm aber vor allem darin, wie er mit anderen flirtet und Faxen macht. Von einem Familientermin im Fotostudio haben wir eine Serie von Bildern, die ihn auf jedem Foto mit einem anderen Gesichtsausdruck zeigt. Die Fotografinnen haben sich vor Lachen ausgeschüttet, während sie uns fotografierten, und jetzt, wo ich die Bilder kenne, weiß ich auch, warum.

Kreativ sind sie ebenfalls beide. Ist das nicht bei allen Kindern so? Sie besitzen die nötige Neugier und die Begeisterungsfähigkeit, um sich fürs Ausschneiden, Anmalen, Formen und Bekleben zu interessieren.

Nehmen wir als Beispiel nur einmal das Malen. Jedes Kind malt. Als Kind sah ich mir die Gardine genau an und zeichnete sie, die Topfpflanzen, die Heizungsrohre. Ich zeichnete Vögel und Inseln, später Pferde und Indianer.

Als ich größer wurde, hörte ich auf zu zeichnen. Warum eigentlich? Weil jemand es besser konnte als ich und weil mir wichtig wurde, ob ich etwas im Vergleich zu anderen gut konnte oder nicht. Dadurch verlor ich die Muße, genau zu beobachten und in Ruhe hinzusehen. Meine Fähigkeiten im Beobachten und im Malen verkümmerten.

Als Aufwachsende glauben wir irgendwann, Kreativität sei etwas für wenige Auserwählte. Dabei sind wir alle auserwählt! Wir sind als kreative Wesen geschaffen. Diese Freude, wenn einem ein gutes Foto gelungen ist. Das Glück, wenn man ein neues Gericht erfunden hat und es schmeckt. Eine Melodie zu trällern, die einem gefällt und die einem einfach so eingefallen ist.

Früher war kreative Betätigung in der Gesellschaft weiter verbreitet als heute. Man schuf etwas mit den eigenen Händen, seien es Möbelstücke, Kleider, Instrumente, Socken, Mützen. Mein Vater hat, obwohl er Pastor ist und kein Handwerker, die Schreibtische für uns Kinder selbst gebaut. Und das waren nicht irgendwelche Schreibtische! Sie besaßen ein abschließbares Geheimfach, ein integriertes Bücherregal, eigene Beleuchtung.

In unserem Schlafzimmer steht ein Kleiderschrank, den Lenas Vater für sie gebaut hat. Jeder Besucher bewundert ihn. Er erinnert mich an Friedensreich Hundertwasser, weil er – bewusst – keine geraden Kanten hat, jede Schublade sieht anders aus, und manche Querstrebe erinnert an eine frei wachsende Wurzel.

Heutzutage hat fremdbestimmtes Arbeiten überhandgenommen, wir sind weniger am Entstehungsprozess von Dingen beteiligt. Das meiste erledigen Maschinen.

Und wir? Bekommen Angst, sobald wir einen künstlerischen Impuls verspüren. Eine innere Stimme faltet uns zusammen: „Was glaubst du eigentlich, wer du bist? Kreativ willst du sein? Pah! Das ist lachhaft. Du bist ein Stümper, du hast kein Talent."

Wir wollen die Kinder schulen und ihnen Dinge beibringen. Warum fragen wir uns nie: Was kann ich vom Kind lernen, in welchem Bereich ist das Kind ein wahrer Meister?

Die ungebremste Kreativität der Kinder kann uns Erwachsene inspirieren.

Im Restaurant

Wir betreten das Restaurant. Eine Kellnerin kommt mit Tellern voller dampfender Speisen aus der Küche, Felix steht in ihrem Weg, sie sagt: „Vorsicht bitte!", was er aber nicht auf sich bezieht. Ich schnappe ihn mir und bugsiere die Jungs auf eine Eckbank.

Ein zweiter Kellner kommt zu uns und bringt die Speisekarten. Ich gebe sie ihm gleich zurück. In der Karte zu stöbern, können wir uns nicht leisten, die Kinder würden währenddessen sonst was anstellen. Lena bestellt für sich und die Kinder Pfannkuchensuppe und dann einmal Spätzle mit Soße und einmal Knödel mit Soße. Ich sage: „Ich hätte gern Fisch." Der Kellner schlägt ein Gericht vor. Ich nehme es ohne Widerrede.

Jetzt folgt die schwierigste Phase. Ich habe Kinderbücher mitgebracht, aber die Jungs wollen sich nichts vorlesen lassen. Jona fragt alle paar Sekunden: „Wann kommt endlich mein Essen?" Felix krabbelt unter den Tisch.

Die Getränke werden gebracht. Ich bin erleichtert. Das Trinken lenkt die Kinder ab. Leider sind die Strohhalme so lang, dass die Jungs ihren Apfelsaft nicht im Sitzen trinken können, dafür müsste sich ihr Kopf eine Etage höher befinden. Außerdem stehen die Gläser recht wackelig. Als ich Felix' Glas festhalte, während er im Stehen trinkt, hört er sofort auf und protestiert. Das kann er schon allein! Es gibt einen ernsten Machtkampf, währenddessen er versucht, mir das Glas zu entwinden.

Als die Pfannkuchensuppe serviert wird, bin ich bereits durchgeschwitzt. Die Kinder stürzen sich auf das Essen. „Das ist heiß", warne ich, „ihr müsst pusten." Felix verbrennt sich den Mund und weint einige Minuten lang herzzerreißend. Wir übernehmen jetzt das Pusten vor jedem Löffel, Lena pustet für Felix, ich für Jona. Wenn ich zwischendurch auch einen Löffel esse, warnt mich Jona, ich solle seine Suppe nicht aufessen.

Die Spätzle kommen und der Knödel. Wieder heißt es: pusten, Kinder ermahnen, füttern, das Umstürzen der Saftgläser verhindern, Streit schlichten. Hinzu kommt, heruntergetropfte Soße abzuwischen. Trotzdem freue ich mich, dass die Küche so schnell war. Lange Wartezeiten sind tückisch, wenn hingegen immer etwas passiert, lassen sich die Kinder bändigen.

Gleich werden die Kinder satt sein. Wie werden wir sie beschäftigt halten, wenn Lenas und mein Essen kommen?

Eine herrliche Platte mit Fischfilets und Reis wird vor mich gestellt. Jona löffelt den Reis. Das lenkt ihn etwas ab, während ich den Fisch in mich hineinschaufele. Felix ist bereits satt und langweilt sich. Er nimmt die Dekoration auf dem Fensterbrett hinter seiner Sitzbank auseinander. Macht er da etwas kaputt, das wir hinterher nicht reparieren können? Felix nimmt Kontakt zu zwei älteren Damen am Nachbartisch auf. Für die ist die Ruhe vorbei, seit wir da sind, das ist mir klar. Jetzt steht Felix auf. Jona ebenfalls. Sie stürmen in den Gang und blockieren wieder die Kellnerinnen, die mit vollen Tellern aus der Küche kommen.

Ich will schon aufgeben und meinen halb vollen Fischteller zurücklassen, da hat Lena eine Idee. „Hinsetzen, sofort", kommandiert sie, „sonst gibt es zu Hause kein Eis." Das zieht. Die Kinder sitzen noch einmal für drei Minuten. Ich esse den Rest, viel zu schnell, und als der Kellner vorbeikommt, bezahle ich rasch.

Eine Unhöflichkeit, Lena ist noch beim Essen. Aber die Kinder sind nicht mehr zu bändigen. Ich bringe sie raus ins Auto, schnalle sie an, damit sie keinen Unfug machen können, und schalte ihnen ein Kinder-Hörbuch ein. Bei meiner Rückkehr ins Restaurant hat Lena aufgegessen, sie hat sich ebenfalls beeilt.

Als junge Familie sind wir die idealen Restaurantgäste. (Einmal abgesehen von den Flecken auf der Tischdecke, die wir hinterlassen.) Wir geben unseren Tisch für die nächsten Gäste frei, bevor die Hintergrundmusik fünf Lieder abgespielt hat.

Jona soll das Kinderzimmer aufräumen. Er ist verzweifelt, das schafft er nicht, jammert er, ich soll ihm helfen. Ich verspreche es ihm. Drinnen schnappt er sich ein Buch, das herumliegt, setzt sich auf den Boden und fängt an, darin zu blättern.

„Du sollst aufräumen, nicht lesen", sage ich.

Er hebt den Zeigefinger. „Ich hab eine Idee: Ich schmeiße es immer zu dir hin und du räumst es auf."

Abends ruft mich Jona an sein Bett: „Du musst mit mir schmusen, ich hab so Angst, dass ein Monster kommt."

„Ach Quatsch", sage ich, „es gibt keine Monster."

„Sind die schon ausgestorben?", fragt er.

Wir gucken abends einen Film und hören nicht, dass Jona weint. Als wir es mitkriegen, schluchzt er bereits laut. Wir rennen hoch, trösten ihn. Ich sage: „Warum kommst du denn nicht runter zu uns?"

„Ich weiß doch den Weg nicht ohne Licht", sagt er leise.

Tatsächlich sieht man die Hand vor Augen nicht, seit ich überall Verdunkelungsjalousien angebracht habe. Lena meinte, dass die Kinder dann länger schlafen würden. Jetzt bräuchten wir diese kleinen Nachtlichter für die Kinder. Erst machen wir es dunkel, damit sie besser schlafen, dann machen wir wieder Licht, damit sie sich beim Aufwachen nicht gruseln.

Abschied nehmen

Jeden Morgen bringe ich Felix zur Kinderkrippe, wir laufen auf einem schönen Parkweg an einem Fluss entlang. Auf beiden Seiten wachsen Gras und Büsche, und regelmäßig kommt es vor, dass Schnecken den Weg überqueren. Felix bleibt bei jeder einzelnen Schnecke stehen. Habe ich ihn endlich zum Weitergehen überredet, verabschiedet er sich höflich. „Tschüss, Schnecke!" Es gibt Nacktschnecken, Gartenschnecken mit gelbem Häuschen und hellem Körper, Gartenschnecken mit braunem Häuschen und dunklem Körper, und heute haben wir sogar eine Weinbergschnecke gesehen, die den Weg überquerte und Felix und mich mit ihren Punktaugen am Ende der Fühler neugierig besah. Warum überqueren sie wohl alle den Weg?, frage ich mich. Glauben sie, das Gras und die Büsche auf der anderen Seite wären schmackhafter?

Oft habe ich es eilig, aber Felix zwingt mich zur Langsamkeit. Er lässt sich auch nicht austricksen. Wenn ich weiterlaufe und nach der nächsten Schnecke Ausschau halte und dann aus fünfzehn Metern Entfernung rufe, dass hier auch eine Schnecke ist, bleibt er stur bei seiner Schnecke stehen und verlangt, dass ich sie zuerst wertschätzend betrachte. Ich muss also zurückgehen, muss sagen: „O ja, die ist wirklich dick." Oder: „Sie hat ein hübsches Häuschen." Dann erst verabschiedet er sich von ihr, gibt auf dem Laufrad Schwung und sucht die nächste Schnecke.

Vom Aphoristiker Wolfgang J. Reus stammt der Ausspruch: „Ich fragte eine Schnecke, warum sie so langsam wäre. Sie antwortete, dadurch hätte sie mehr Zeit, die Welt zu sehen."

Eine Stunde, nachdem wir die Kinder ins Bett gebracht haben, höre ich ein Geräusch aus Felix' Zimmer. Ich öffne leise die Tür. Es ist dunkel im Raum, aber ich sehe, dass er aufrecht im Bett sitzt. Als meine Augen sich an die Dunkelheit gewöhnen, erkenne ich, dass er gar keinen Platz zum Liegen hat: Er hat offenbar heimlich ein Spielzeug nach dem anderen in sein Bett geholt. Da ist sein Autotransporter, daneben parken fünf Matchboxautos, dort liegen drei Kinderbücher. Doch auch völlig Sinnloses hat er sich ins Bett geholt: den Pappdeckel eines Puzzles, einen Hausschuh von Lena, ein blaues Samttuch, das Lena verwendet, wenn sie bei einem Spiel „Wasser" darstellen will. Das ganze Bett ist voll mit Spielsachen.

Felix kann den Tag noch nicht loslassen. Das kenne ich so gut! Ich würde abends auch am liebsten fünf Filme sehen, drei Stunden Computer spielen, noch etwas am Manuskript arbeiten, meine Brüder anrufen, Eis essen, einen Roman lesen – alles, nur nicht ins Bett gehen und den Tag beenden müssen.

Ich habe mir gestern 33 gebrauchte DVDs gekauft. Wann will ich mir die eigentlich anschauen? Ich hab's gleich mit dem ersten Film versucht und bereue es schon: Erst um halb zwölf war ich im Bett und um fünf Uhr morgens ist Felix schon wach.

Mit Mühe überrede ich ihn noch mal zum Schlafen. Um sechs kommt dann Jona und kriecht zu mir ins Bett. Er ist wie ein Quirl, dreht sich hierhin und dorthin, flüstert: „Die Sonne blendet mich schon in den Augen." Seufzend stehe ich mit ihm auf, damit wenigstens Lena noch etwas Schlaf bekommt.

Seit Freitag bekomme ich täglich die F.A.Z., das Jahres-Abo gab's etwas günstiger, da konnte ich nicht widerstehen. Nur: Wann will ich sie lesen?

Ich glaube, die Film-Hamsterkäufe und das Zeitungsabo sind ein Schrei nach Freiheit.

„Warum können Häuser eigentlich nicht fahren?", fragt Jona.

Ich sage: „Weil sie keine Räder haben."

„Was haben denn Häuser unten drunter?"

„Die stecken in der Erde."

„Ich habe eine Idee", ruft er und hebt den Zeigefinger. „Die Bagger können das Haus anheben und dann tun wir Räder drunter. Wir rufen die Baggerleute an und dann kommen die und machen das. Und dann kann unser Haus fahren."

„Wo willst du denn mit dem Haus hinfahren?"

„Nach Island", sagt er.

Ich dusche zum ersten Mal seit dreieinhalb Jahren, ohne dass ich die Kinder mit ins Bad nehme und in die Badewanne setze, um sie im Blick zu haben. Sie spielen allein im Wohnzimmer.

Ich stelle zwischendurch das Wasser ab und lausche. Vor meinem inneren Auge sehe ich sie blutend oder an der Steckdose herumfummelnd oder beim Spiel mit Küchenmessern. Aber ich bin nass, ich muss ihnen diese zehn Minuten zutrauen. Als ich frisch geduscht und angekleidet bin, schleppt Jona voller Stolz ein selbst errichtetes Legogebäude ins Badezimmer, und Felix bringt die passende Legolok dazu.

Nachdem die Kinder abends eingeschlafen sind, sieht mich Lena traurig an. „Jona braucht mich gar nicht mehr so sehr."

„Du meinst, er will zum Einschlafen nicht mit dir kuscheln?"

Sie nickt betrübt. „Und er wacht nachts nicht mehr auf."

Seit Jahren muss Lena mitten in der Nacht zu Jona gehen und ihn trösten. Meist bleibt sie gleich dort und schläft neben ihm ein.

„Aber bist du nicht froh, dass wir jetzt endlich wieder durchschlafen können?"

Sie schüttelt den Kopf.

Das Abschiednehmen hat angefangen. Je selbstständiger die Kinder werden, desto weniger brauchen sie uns.

Bald werden wir die Anstrengungen dieser Jahre vergessen haben und dann erzählen wir uns wehmütig die kleinen Geschichten von ihren Streichen. Es kommt der Tag, da sehnen wir uns zurück nach Magen-Darm-Grippe, Kindergeschrei und Schokofingern.

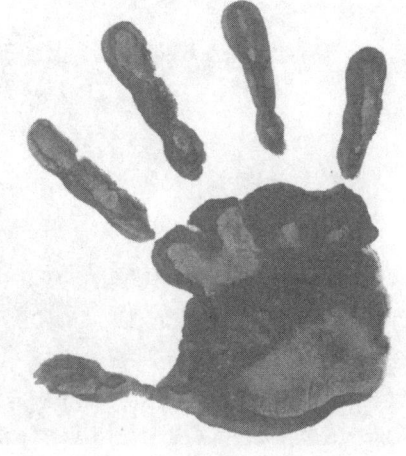

Felix Amadeus, Lena, Jona und Titus

Über den Autor

Titus Müller studierte in Berlin Literatur,
Mittelalterliche Geschichte, Publizistik
und Kommunikationswissenschaften.
Mit 21 Jahren gründete er die Literatur-
zeitschrift „Federwelt". Seine Ratgeber
und historischen Romane begeistern
viele Leser. Titus Müller ist Mitglied des
PEN-Club und wurde u. a. mit dem
„C. S. Lewis-Preis" und dem „Sir Walter
Scott-Preis" ausgezeichnet.

www.titusmueller.de

Der Verlag weist ausdrücklich darauf hin, dass im Text enthaltene externe Links vom Verlag nur bis zum Zeitpunkt der Buchveröffentlichung eingesehen werden konnten. Auf spätere Veränderungen hat der Verlag keinerlei Einfluss. Eine Haftung des Verlags ist daher ausgeschlossen.

© 2017 adeo Verlag
in der Gerth Medien GmbH, Dillerberg 1, 35614 Asslar

1. Auflage September 2017
2. Auflage Februar 2018
Bestell-Nr. 835170
ISBN 978-3-86334-170-1

Umschlaggestaltung: Maike Michel
Umschlagfoto: Shutterstock
Zeichnungen (innen): Leo Michel
Satz: Verlagsservice Apel, Wietze
Druck: GGP Media GmbH, Pößneck
Printed in Germany

www.adeo-verlag.de